# PRÉCIS

## SUR

## La Vie, les Crimes, l'Arrestation et le Procès

# D'ABRAHAM SERAIN,

## CONDAMNÉ

### Par la Cour d'assises du Département du Loiret,

### Le 11 Novembre 1841,

### A la peine de mort.

## ORLÉANS!

### Chez Durand, Imp.-Libraire-Éditeur,

### Rue des Carmes, 60.

—

### 1841.

# PRÉCIS.

# PRÉCIS

SUR

## La Vie, les Crimes, l'Arrestation et le Procès

# D'ABRAHAM SÉRAIN,

## CONDAMNÉ

PAR LA COUR D'ASSISES DU DÉPART. DU LOIRET,

### Le 11 Novembre 1841,

## A LA PEINE DE MORT.

# ORLÉANS.

Chez Durand, Imprimeur-Libraire-Éditeur,

Rue des Carmes, 60.

—

1841.

# PRÉCIS

SUR

## La Vie, les Crimes, l'Arrestation, le Procès et la Condamnation

# D'ABRAHAM SERAIN.

———————

ABRAHAM SERAIN peut être considéré à juste titre comme l'un des plus odieux scélérats dont les fastes judiciaires aient conservé le souvenir. En réfléchissant à la perversité de cet homme, au sang froid qu'il lui a fallu pour commettre tous les crimes trop bien prouvés dont on l'accuse, aux précautions dont il s'entourait, à sa persévérance pour arriver à son but, on demeure effrayé, et l'intelligence a peine à concevoir que la nature humaine puisse tomber dans des excès aussi épouvantables.

Comme tous les grands criminels qui sont parvenus à échapper pendant quelque temps à l'action de la justice humaine, Abraham Serain a fini par être connu; il n'attend plus maintenant que le châtiment dû à ses exécrables forfaits. Ainsi le veut la Providence, qui prend toujours le soin de percer les ténèbres et les mystères dans lesquels s'enveloppe le crime, quelques soient d'ailleurs les moyens dont il se sert pour échapper à la répression.

On se souviendra longtemps de la stupeur et de la consternation qui remplirent toute notre ville, lorsque les deux derniers attentats de ce monstre y furent connus.

Nous nous proposons de les retracer, et de donner en même temps quelques détails sur la vie antérieure d'Abraham Serain, sur les autres crimes qui sont aussi également prouvés contre lui ; sur ceux enfin que le manque de preuves formelles ne permet pas de lui attribuer complètement, mais qui présentent d'effrayantes analogies avec les autres.

Abraham Serain est né à Férolles, village du canton de Jargeau. Il a aujourd'hui 37 ans, est marié et exerce la profession de voiturier.—

On a peu de détails sur sa première jeunesse. Toutefois, voici ceux qu'il a été possible de constater. Dès son enfance, ceux qui ont vécu avec lui ont remarqué qu'il était sombre et taciturne. Il parlait le moins qu'il pouvait, se plaisait à à être seul et fuyait la société. De tout temps il avait manifesté une extrême timidité ; plus tard, et lorsqu'il est devenu homme, cette disposition de son caractère a subi une transformation : il était d'une défiance excessive et continuelle. Il ne parlait jamais qu'à voix basse et voilée ; son regard est oblique et baissé ; il ne saurait regarder personne en face. A Férolles, il vivait en lui-même et évitait tous les plaisirs qu'on partage. Enfant, il ne jouait pas, on ne le voyait pas rire. Quand l'âge des passions est venu, sa taciturnité a augmenté encore. Il semblait éviter plutôt que rechercher les femmes, et il passait dans son pays pour avoir à leur égard plus que de la froideur.

Et cependant ( on ne peut révéler ces détails qu'avec une extrême réserve ) dans les maisons de prostitution qu'il fréquentait à Orléans, il manifestait une ardeur si frénétique, qu'il était devenu l'effroi des femmes qui le recevait. Comme une véritable bête féroce, dans la rage de sa passion, il se sentait le désir d'étreindre, de mordre, de déchirer. Ces goûts l'avaient fait exclure de plusieurs maisons publiques. Ainsi lorsque cet homme avait surmonté sa timidité native, la gêne et la honte qu'il en éprouvait devenaient une sorte de fureur; elles le jetaient aussi dans tous les excès de la plus honteuse débauche.

Tels sont les hideux antécédents de cet homme, qui, heureusement pour la société, ne compte pas beaucoup de semblables.

Mais il est temps d'arriver au récit des crimes qui occupent si fortement l'attention publique dans notre cité.

---

## PRÉSIDENCE DE M. PORCHER.

*Audience du 9 novembre.*

Dès le matin une foule considérable envahit tous les abords du Palais. M. le président de la

Cour d'assises a été obligé de requérir une force armée imposante pour contenir, aux issues du Palais-de-Justice, la foule immense qui voudrait envahir la salle. Avant l'audience, le bruit circule que l'accusé voulant sans doute imiter l'exemple que Marseille avait donné la surveille, avait caché un grand clou aiguisé qu'on a trouvé dans ses poches.

Avant le tirage du jury, la Cour entre en séance pour rendre un arrêt ordonnant que, vu la longueur présumée des débats, un juré supplémentaire serait adjoint aux douze jurés désignés par le sort, et qu'un conseiller de la Cour serait également, aux termes des articles 1er et 4 de la loi du 25 brumaire an VIII, adjoint aux membres de la Cour d'assises.

Bientôt l'accusé est introduit au milieu d'un murmure qui s'élève de toutes les parties de la salle.

Abraham Serain est un homme de trente-sept ans; son teint est noir, sa figure commune, et son œil louche et hagard lui donnent un expression d'hypocrisie et de perversité profonde. Assis sur le banc des accusés, il pousse des gémissements sourds et inarticulés, et paraît en proie à la terreur et à la confusion la plus grande.

Au bas du bureau des magistrats est une table encombrée de pièces de conviction; ce sont en grande partie les vêtements des deux malheureuses victimes, ceux que Serain portait habituellement, et divers objets retrouvés chez lui.

Serain lui-même paraît à l'audience avec un chapeau de feutre noir et une blouse étiquetés ; ce sont les vêtements qu'il portait le jour du crime, et qu'on lui a fait revêtir afin qu'il soit plus facilement reconnu des témoins.

M. le procureur-général de la Tournelle occupe le siège du ministère public ; M<sup>e</sup> Lafontaine, bâtonnier de l'Ordre des avocats, commis d'office, est chargé d'assister l'accusé.

*M. le président :* Accusé, quels sont vos nom et prénoms ?—R. Abraham Serain, né à Férolles, canton de Jargeau, âgé de trente-sept ans.

Après le serment de MM. les jurés, M. le président donne l'ordre au greffier en chef de lire l'acte d'accusation dont voici les principales parties :

« Au mois de juillet 1841, un crime épouvantable est venu jeter l'effroi dans Orléans et faire naître chez toutes les populations environnantes le sentiment d'une indignation profonde. Deux jeunes filles encore dans l'âge de l'enfance ont été subitement enlevées à leurs parents, et peu de jours après on a retrouvé leurs cadavres horriblement mutilés. L'auteur d'un pareil attentat ne pouvait rester longtemps inconnu. Les recherches actives des magistrats n'ont pas tardé à le placer sous la main de la justice, et cet homme est appelé aujourd'hui à rendre compte du sang qu'il a versé.

« Dans la soirée du 24 juillet dernier, vers six heures et demie, Emilie Roulo et Adèle

Leroux, dont les parents habitent le Portereau, l'une, âgée de onze ans et demie, l'autre, de dix ans, se trouvaient sur le rond-point situé entre le pont et la rue Dauphine. Elles furent abordées par un homme qui, au refus d'une autre jeune fille, leur proposa de monter dans sa voiture, leur offrit de les conduire jusqu'à la croix de Saint-Marceau, et promit de leur donner dix centimes, si elles voulaient l'accompagner jusqu'au bourg pour tenir son cheval. Les deux jeunes filles acceptèrent; elles montèrent dans la voiture avec cet homme, qui donna une poire à chacune d'elle, et partit aussitôt en prenant la direction de la rue Dauphine. La soirée et la nuit se passèrent sans qu'elles revinssent chez leurs parents. Le lendemain, ceux-ci justement alarmés, se livrèrent à d'actives recherches pour savoir ce qu'elles étaient devenues. Il fut facile de recueillir les circonstances de leur départ qui avait eu lieu en présence de quelques témoins; on parvint même à savoir que la voiture, en suivant la rue Dauphine, s'était dirigée sur la Mouillère, qu'elle avait passé par les Montées et par la ferme de Bou; mais là, on perdit sa trace, et il devint impossible de savoir le chemin qu'elle avait suivi, aussi bien que le nom de l'homme qui la conduisait.

« Cependant cet homme avait été vu par un assez grand nombre de témoins; son signalement, celui du cheval et de la voiture furent transmis aux diverses brigades de gendarmerie; et bientôt la rumeur publique désigna aux gendarmes de Jargeau ; Abraham Serain comme étant celui auquel ce signalement s'appliquait. Serain fut arrêté, sa voiture et son cheval furent saisis, et dès ce moment l'information fit de rapides progrès.

« Abraham Serain est né à Férolles, où il demeure, et où il exerce la profession de voiturier. Il a été établi, par ses confrontations avec les nombreux témoins qui l'avaient vu pendant la journée du 24, et dans le trajet parcouru pour se rendre à son domicile, que Serain avait passé cette journée à Orléans, et que c'était lui qui avait fait monter les deux enfants dans sa voiture. Au lieu de prendre, pour s'en retourner à Férolles, le chemin qu'il devait naturellement suivre, il s'était jeté dans une route écartée et beaucoup plus longue. En quittant la ferme de Bou, il avait traversé la commune de Saint-Cyr-en-Val, en passant par Préhaut, la ferme de Beautier, la Motte, le moulin des Prés, le pont de Louis, celui de Vildé, et il avait ainsi regagné Férolles, en suivant la rivière du d'Huy et le coteau de la Sologne. A Préhaut, Serain avait quitté la place qu'il occupait en partant sur le timon de la voiture, et il était assis dans la voiture même entre les deux jeunes filles. Celles-ci paraissaient fort tristes ; elles avaient les larmes aux yeux, et demandaient si elles n'arriveraient pas bientôt chez elles.

« Vers sept heures et demie la voiture passait à Lamotte ; il en sortait des cris dont il était impossible de déterminer la nature, et la voiture prenait le galop vers Sandillon. A dix heures du soir environ, elle traversait la cour du moulin des Prés, quoiqu'il n'y ait pas de chemin en cet endroit. Plusieurs témoins remarquaient dans cette voiture deux femmes qui, suivant eux, faisaient entendre un bruit semblable à un rire ou à un gémissement étouffé.

« Depuis ce moment jusqu'à celui de son arrivée à Férolles, il ne paraît pas que Serain ait été vu par aucun témoin. Mais l'information a recueilli de nombreux documents sur la nature des faits qui s'étaient accomplis en cet instant. Serain est rentré fort tard chez lui; aucun voisin ne l'a entendu. D'après sa propre déclaration, il ne serait arrivé qu'à minuit; sa voiture présentait de nombreuses taches. Soumises à l'examen des hommes de l'art, elles ont été reconnues pour être des taches de sang récentes; les experts ont, en outre, constaté, que sur le plancher de la voiture, on remarquait des parties qui paraissaient avoir été frottées avec des matières végétales, telles que de l'herbe ou du foin, comme si on eût voulu faire disparaître des taches. Il était impossible d'admettre, comme Serain l'a d'abord prétendu, que ces taches provinssent de déchets de laine qu'il voiturait chaque semaine ou de peaux de mouton qu'il avait voiturées aussi. Les déchets de laine ne contiennent aucune parcelle de sang; quant au transport des peaux de moutons, il remontait à plus

de six mois ; et les taches de sang étaient récentes. Une grande quantité de sang existait également à quatre endroits de la route que Serain
avait parcourue; l'un de ces amas était large comme le fond d'un quart de tonneau ; un autre
était assez considérable pour faire penser aux
personnes qui l'ont vu que là on avait saigné un
animal.

b Le dimanche matin, 25 juillet, ces taches
étaient encore toutes fraîches. En partant du
moulin des Prés, où, la veille au soir, Serain
avait été vu avec les deux jeunes filles, on n'en
trouvait aucune trace jusqu'au pont de Louis, et
c'est seulement à partir de ce pont, en allant
vers Férolles, que commençaient les traces observées par les témoins. A ces indices si graves
se joignit bientôt la découverte faite au domicile
de Serain de plusieurs objets ayant appartenu
aux deux jeunes filles, notamment des souliers
d'Émilie Roulo, dont l'un a été trouvé dans
l'écurie, l'autre dans le grenier à foin, d'un
peigne, d'une petite montre en plomb, d'un ru-
ban de fil appartenant également à Émilie Roulo,
et de quelques brins de soie reconnus pour
avoir été successivement en la possession de
chacune des jeunes filles. Il a été encore
constaté que le mercredi, 28 juillet, la femme
Serain avait lavé deux chemises d'homme et
un drap; que ce drap, trouvé par elle dans une
loge dépendant de son habitation, était taché
de sang en plusieurs endroits; que le jour même de l'arrestation de son mari, et après son

départ, elle avait jeté au feu un bonnet de femme aussi taché de sang, qu'un enfant avait ramassé au moment où il venait de glisser de dessous la blouse de Serain ; que dès le dimanche, 25 juillet, elle avait fait venir chez elle un tailleur pour confectionner un pantalon neuf à son mari, qui, ce jour là même, avait manifesté le désir d'en avoir un. Enfin une fourche de bois qui portait à l'endroit des dents la trace de deux taches de sang a été saisie au domicile de Serain.

» En présence de ces faits, il devenait évident qu'un grand crime avait été commis ; mais, pour en constater l'existence, il était indispensable de retrouver les corps des deux victimes. On parvint à savoir que lundi matin 26, Serain, au lieu de faire un voyage dont il était convenu avec un sieur Chambolle, était parti de chez lui de très bonne heure, avec sa voiture dans laquelle il semblait avoir caché quelque chose, ce qui fit supposer à un témoin qui le vit passer que Serain transportait un quart de vin en fraude. Il s'était dirigé vers Vouzon, sous le prétexte d'aller chercher un restant de bois qu'il avait là depuis deux ans. De nombreuses recherches, faites avec le plus grand zèle par les habitants des communes qu'il avait traversées, n'amenèrent aucun résultat, à cause de la nature du pays, qui est très boisé et coupé de ruisseaux ; mais les indices si graves recueillis jusque-là par l'information ne permettaient plus à Serain de persister dans le système de dénégation absolue qu'il

avait d'abord embrassé. Déjà il s'était vu con-
traint d'avouer que c'était lui qui avait emmené les deux jeunes filles dans sa voiture, mais
il prétendait les avoir fait descendre près d'un
chemin conduisant à la Sologne.

« Dans son interrogatoire du 3 août, accablé par la gravité des preuves qui s'accumulaient
contre lui, Serain a enfin avoué qu'il avait
donné la mort aux jeunes filles Leroux et Roulo. Il a indiqué le lieu où il avait déposé leurs
cadavres ; c'est dans un taillis de chêne de
deux ans, assez touffu, appelé le massif de la
Masure, et situé sur le territoire de Ménestreau
que, suivant les indications fournies par Serain,
le cadavre d'Adèle Leroux a d'abord été retrouvé. Il était placé dans une clairière, sur
un petit lit de paille, la face contre terre. Ses
vêtements étaient relevés de tous côtés au-dessus de la tête et laissaient tout le corps à nu
jusqu'à la ceinture. Ces vêtements, dans lesquels un des bras se trouvaient engagé, étaient
attachés au-dessus de la tête par un lien de
paille semblable à celui d'une gerbe de blé, et
par un mouchoir bleu que Serain a plus tard
reconnu pour lui appartenir et lui servir habituellement de cravate. A quelque distance, un
spectacle plus horrible encore vint frapper les
regards des magistrats. Çà et là se trouvaient
épars, dans le bois, les débris du cadavre d'Emilie Roulo, devenu la proie des animaux car-
nassiers. La découverte faite au même instant
des vêtements de cette jeune fille, dans lesquels

étaient renfermés quelques fragments de son cadavre, n'ont laissé à cet égard aucune incertitude.

» Les deux cadavres ont été soumis à l'examen de trois médecins : relativement à Émilie Roulé, les experts ont déclaré qu'il leur était impossible de se livrer à des recherches anatomiques et d'indiquer spécialement des lésions, attendu l'état de putréfaction et de lésion générale des débris qui leur étaient représentés. Ils ont seulement constaté que le bas du tablier était noué assez fortement par les deux cornes, qu'un mouchoir rouge trouvé également sur les lieux était noué plus fortement encore, qu'il existait des traces de sang à l'intérieur de la camisole et du corsage de la robe, et qu'il n'en existait à aucune autre partie des vêtements.

En ce qui concerne Adèle Leroux, le rapport des médecins a établi qu'il existait des taches de sang à la plupart des vêtements dont elle était couverte, mais principalement aux vêtements relevés au-dessus de la ceinture et à ceux qui étaient les plus rapprochés de sa personne. Les parties sextuelles étaient intactes et dans un état normal. Les experts en ont conclu qu'Adèle Leroux n'avait pas été violée. La mâchoire inférieure de cette jeune fille avait été fracturée, mais par suite d'un choc qui avait dû suivre la mort. Les experts ont déclaré encore, que bien qu'ils n'eussent pas retrouvé sur le cadavre d'Adèle Leroux tous les caractères de l'asphyxie par strangulation, l'état du cou et des parties environnantes les portait à penser qu'Adèle Leroux était morte étranglée; enfin ils ont été d'avis qu'aucune plaie, qu'aucune trace d'hémorragie par les ouvertures naturelles n'existait chez cette enfants. Le sang trouvé sur les vêtements provenait d'ailleurs.

» Interrogé par M. le juge d'instruction, Serain est entré dans d'horribles détails sur les circonstances de la mort des deux jeunes filles. Ce serait à quelque distance du moulin des Prés, que ne sachant plus que faire de ces enfants, et craignant d'être poursuivi pour les avoir emmenées, il aurait pour la première fois, conçu la pensée de les faire mourir. A ce moment toutes deux étaient endormies dans la voiture; il aurait commencé par la plus jeune, Adèle Leroux, il aurait relevé ses vêtements et lui aurait serré le cou par-dessus avec sa cravate; en se débattant elle se serait frappée plusieurs fois à la voiture; quelque temps après, ne la voyant plus remuer, il avait pensé qu'elle était morte; la plus grande s'était alors réveillée; il avait relevé son tablier seulement au-dessus de sa tête, et lui avait serré le cou avec ce tablier. Comme elle se débattait, il s'était mis à genoux sur le limon de la voiture, en s'appuyant sur elle pour comprimer ses mouvements; il avait ensuite ôté le tablier, et de nouveau lui avait fortement serré le cou, mais avec les mains seulement; elle avait continué à remuer longtemps et vivait encore au moment de l'arrivée de Serain. Devant la grange, un mouvement qu'elle fit, tandis qu'il descendait de voiture, avait fait tomber la jeune fille à terre ; alors il avait enveloppé les deux corps dans un drap ; la plus grande ayant fait un nouveau mouvement, ce drap s'était déroulé.

» En cet instant, il avait poussé Emilie Roulo sous des bottes de paille, avait placé une cinquantaine de bottes sur elle pour l'étouffer, et avait attendu qu'elle ne donnât plus signe de vie. Serain a ajouté « qu'il avait bien mis une heure à les étrangler ». Ce sont ses propres expressions.

» Tel est le récit de Serain, récit évidemment mensonger dans plusieurs de ses parties. Emilie Roulo et Adèle Leroux ont reçu la mort de ses mains ; il l'a déclaré, et vainement il a essayé de retracter ses premiers aveux quant à la perpétration du crime. Mais Serain cherche à tromper la justice sur les moyens qu'il a mis en usage pour consommer ce double attentat et sur les causes qui l'ont déterminé à le commettre. Tout porte à croire que Adèle Leroux a péri asphyxiée par strangulation. Quant à Emilie Roulo, diverses circonstances établissent qu'elle a dû succomber à une mort de genre différent, ou que tout au moins, indépendamment de la strangulation, d'autres violences ont dû être exercées sur elle. La grande quantité de sang remarquée dans quatre endroits de la route, sur la voiture de Serain, sur presque tous les vêtements d'Emilie Roulo, sur quelques-uns de ceux d'Adèle Leroux, sur le drap lavé par la

femme Serain, sur la fourche, tout ce sang
n'est pas celui d'Adèle Leroux, puisque son
cadavre ne présentait aucune lésion. Il a été
répandu par Émilie Roulo, et comme une telle
perte de sang ne peut être le résultat de la
strangulation, on doit nécessairement l'attribuer
à quelques blessures, à quelques lésions pro-
fondes que cette jeune fille aura reçues avant
sa mort.

» Quel est donc le but que Serain se propose
en déniant cette effusion de sang, si ce n'est
d'écarter une circonstance qui, dans sa pensée,
imprimerait à son crime un caractère plus
atroce et plus odieux encore? La vérité n'est
pas moins évidemment altérée dans les causes
auxquelles il attribue sa cruelle résolution de
donner la mort à ces enfants. La crainte d'être
poursuivi comme ravisseur des deux jeunes
filles l'a seule, dit-il, déterminé à se débarrasser d'elles. Un intérêt plus puissant armait le
bras du meurtrier, et ce détournement n'est
pas le seul fait dont Serain redoutait les con-
séquences.

» La procédure a révélé chez cet homme de
longues habitudes de débauche.... Il est établi
encore par l'instruction qu'il attirait habituellement de jeunes filles. Il usait de mensonges,
de promesses de séductions de toute nature,
afin de les emmener avec lui dans sa voiture.
Un grand nombre de jeunes filles, toutes âgées
de neuf à douze ans, ont été l'objet de ses tentatives de détournement.

«Le 24 juillet, lorsque Emilie Roulé et Adèle Leroux montèrent dans sa voiture, Serain avait déjà proposé à Césarine Galmand, âgée de neuf ans, et à Emilie d'Hurt, âgée de treize ans, marchande de gâteaux au bout du pont, de faire route avec lui; ce fut sur le refus de cette dernière qu'il fit la même proposition aux enfants qui se trouvaient sur son passage. Quel était alors son projet? Les habitudes de toute sa vie ne le font que trop connaître; seules avec lui la nuit, sur une route isolée, les deux jeunes filles lui seraient livrées sans défense..... Les hommes de l'art n'ont constaté sur le corps d'Adèle Leroux aucune trace de violence. Tout annonce cependant qu'elle a été en butte à des outrages, victime, ainsi que la malheureuse Emilie, de quelque épouvantable raffinement de dépravation sanguinaire, quoique l'existence de ce crime n'ait pu être reconnue à des signes matériels incontestables....

» Les circonstances qui ont suivi ce double crime ne démontrent pas moins énergiquement la préméditation avec laquelle il a été commis. Serain est rentré chez lui sans manifester la moindre émotion; il a soupé comme à l'ordinaire, il s'est couché, il a dormi. A six heures sa femme a été obligée de le réveiller; il s'est livré à ses occupations habituelles. Le lundi 26 a été employé à faire disparaître les traces du crime, et le mardi, trois jours après l'assassinat, Serain est retourné à Orléans, dans cette même voiture qui devait réveiller en lui de si funestes souvenirs. Cette incroyable tranquillité prouve que les attentats du 24 juillet n'ont pas eu pour cause un entraînement momentané, une surexcitation passagère déterminée par la violence des passions, mais qu'ils furent au contraire le résultat d'un froid calcul et d'une inaltérable résolution.

» A cette accusation portée contre Abraham Serain viennent se réunir d'autres faits qui achèvent de jeter la lumière sur les antécédents odieux de cet homme, et qui forment eux-mêmes des chefs d'accusation séparés. Le premier de ces faits, en suivant l'ordre des dates, est une tentative de détournement commise à l'égard de Sophie Percheron, âgée de neuf ans. Au mois de juin 1837, cette jeune fille se promenait sur le champ de foire à Orléans ; elle fut abordée par Serain, qui lui proposa d'abord de la conduire à un des spectacles de la foire, ce qu'elle refusa. Plus tard, il l'aborda en lui disant qu'il était chargé par une de ses parentes de la reconduire chez elle ; il l'emmenait dans la rue Royale, et se dirigeait vers le quai du côté de sa voiture, lorsqu'il fut rencontré par le frère de la jeune Percheron, dont il tenait en ce moment la main. Sur l'exclamation que fit l'enfant en apercevant son frère, Serain lâcha sa main, la quitta et continua son chemin.

» Sophie Percheron n'a pas reconnu l'accusé, en présence de qui elle a été mise ; mais Serain est positivement reconnu par le frère de la jeune fille, et la déclaration de celui-ci est d'autant plus décisive qu'il l'a parfaitement observé le jour où il l'a rencontré avec sa sœur, qu'il l'a poursuivi quelque temps en lui disant des injures et en lui donnant des coups de fouets, sans que Serain, que depuis il l'a rencontré plusieurs fois, ait osé protester contre ses injures et ses mauvais traitements.

» Un second fait de même nature a eu lieu le 1er février 1840. Elisa Chemin, âgée à cette époque de treize ans, parcourait la rue Bannier vers cinq heures du soir ; elle remarqua un homme qui la suivait et qui bientôt s'approcha d'elle ; il la pria d'abord de lui indiquer la rue Sainte-Catherine, insista ensuite pour qu'elle l'y conduisit elle-même, lui promit 10 centimes, la prit par le bras et l'emmena. Arrivé à la rue Sainte-Catherine, il lui proposa de venir avec lui, et lui promit 1 franc; plus tard et à plusieurs reprises, il lui demanda où elle demeurait et lui promit 5 francs si elle voulait le mener jusqu'à Sainte-Croix ; sur son refus il la pria de le conduire chez le sieur Asselineau. Arrivé rue de la Hallebarde, devant le magasin de celui-ci, où se trouvaient réunies plusieurs personnes, il prétendit que ce n'était pas là qu'il avait affaire, mais chez le sieur Asselineau, demeurant sur le quai. Il se dirigea de ce côté tenant toujours Elisa Chemin par le bras; mais arrivé dans la rue Machecloux, vis-à-vis de l'église Saint-Paul, Élisa Chemin parvint à se soustraire à ces tentatives; elle se précipita dans une boutique où elle demanda du secours. Serain est reconnu par cette jeune fille, il l'est également par d'autres personnes, et notamment par le sieur Bourrigault, qui, aux cris d'Élisa Chemin, a couru après lui, l'a arrêté et l'a forcé de donner son nom.

» Un fait beaucoup plus grave que les précédents s'est passé à la foire de Vouzon, le 29 juin 1840. Pélagie Ramond, âgée de cinq ans, fille de l'instituteur de Vouzon, était partie à midi de chez ses parents, vers deux heures et demie elle rentrait dans un état déplorable ; ses vêtements étaient en désordre, elle n'avait plus de bonnet, sa figure était couverte d'égratignures et de sang ; elle portait au cou des marques de pression de doigt et des écorchures. Interrogée sur les causes de l'état dans lequel elle se trouvait, Pélagie Ramond raconte qu'elle avait été abordée sur le champ de foire par un homme qui lui avait proposé de la conduire dans un endroit où il y avait beaucoup d'oiseaux qu'il promettait de lui donner ; comme elle paraissait hésiter, il l'avait prise par la main et l'avait emmenée. Arrivés à l'extrémité du village, elle avait été effrayée et n'avait pas voulu aller plus loin ; mais cet homme l'avait emmenée de force.......

» Tels sont les éléments de l'instruction dont Abraham Serain est aujourd'hui l'objet.

» Deux épisodes terribles sont contenus encore dans cette procédure. Le premier est l'assassinat de Rosalie Serain en 1832 ; le second, l'enlèvement d'Henriette Stakoff, en 1840. Serain n'est point accusé de ces crimes; mais l'effrayante conformité qu'ils présentent avec ceux dont il s'est reconnu l'auteur ne permet point de les passer sous silence.

» Dans la matinée du 31 juin 1832, pendant la messe de la première communion à Férolles, Rosalie Serain, âgée de huit ans, et enfant unique d'un proche parent de l'accusé, quitta sa mère avec laquelle elle se trouvait à l'église; elle fut apperçue par plusieurs personnes dans le bourg, puis elle disparut tout à coup sans qu'on pût savoir ce qu'elle était devenue. Le lendemain son corps fut trouvé dans une pièce de blé située tout près de Férolles; son cou portait des traces incontestables de strangulation, ses boucles d'oreilles, son bonnet, ses souliers, son fichu de cou avaient été enlevés. Rien dans les parties sexuelles de Rosalie Serain n'annonçait qu'elle eût été victime d'un attentat à la pudeur, mais il est impossible d'admettre qu'on l'eût assassinée dans le but unique de s'emparer des objets de peu de valeur dont elle a été dépouillée. Le meurtre fait donc nécessairement soupçonner l'existence d'un autre attentat.

» Serain était du petit nombre des habitans de Férolles qui ne se trouvaient pas à l'église pendant la messe de la première communion. En sortant de l'église, Rosalie Serain s'était dirigée du côté de la maison habitée par son parent; elle s'était arrêtée devant cette maison sans

qu'on pût dire si elle y était entrée. Il fut constaté par l'instruction faite à l'époque du crime
que Rosalie Serain n'avait pas été tuée dans
l'endroit où fut trouvé son cadavre. Suivant
toutes les vraisemblances, le crime avait eu
lieu dans une pièce de blé près de laquelle existait une vigne où l'on remarquait les pas d'un
homme et ceux d'un enfant se croisant en plusieurs sens. On faisait l'observation que l'assas-
sin ne devait point être un étranger au bourg de
Férolles. Le soir même de l'assassinat le cadavre de Rosalie Serain n'était point encore dans
le blé où il fut trouvé le lendemain matin; il
avait dû y être transporté pendant la nuit. On
remarquait encore que le champ de blé où le
meurtre paraît avoir été commis est situé
derrière l'habitation de Serain, dont il n'est séparé que par un chemin, et l'autre champ de
blé où a été déposé le cadavre se trouve situé
vis-à-vis de cette habitation et n'est séparé que
par la rue du Bourg. Serain fut soupçonné;
une perquisitoin eut lieu dans son domicile;
elle n'amena aucun résultat. Les preuves man-
quent donc pour accuser Serain de ce crime,
mais quelles présomptions ne s'élèvent point
contre lui en présence des crimes récens dont il
est reconnu l'auteur et qui présentent un caractère si frappant d'analogie avec l'assassinat de
1832.

» C'est le 26 novembre, 1840 qu'a eu lieu la
disparition d'Henriette Stakoff, âgée de six ans,
et fille de journaliers, habitant le faubourg Ban-

nier ; elle était allée dîner chez la marraine de sa sœur, qui demeure rue de l'Oie, à Orléans ; elle en sortit vers trois heures et demie. Plusieurs témoins l'aperçurent sur le petit Mail et jouant à peu de distance de la porte Bannier ; puis elle disparut, et on n'a pu retrouver sa trace. Les registres de l'octroi constatent que ce jour-là même Serain était venu à Orléans amener une pièce de vin dans sa voiture. C'est à l'heure où il a dû quitter cette ville que Henriette Satkoff a disparu. En passant près de celle-ci à 3 heures et demie avec sa mère, une jeune fille a remarqué non loin de l'endroit où elle se trouvait, un homme vêtu d'une blouse bleue et portant un chapeau noir. En l'absence d'un corps de délit, il a été impossible à la justice de diriger contre Serain une inculpation précise et formelle, et cependant, il existe de bien graves motifs de penser qu'il a ajouté ce nouveau crime à la liste de ses nombreux attentats. Qu'eût-il fait de Sophie Percheron, si un hasard providentiel n'eût conduit sur ses pas le frère de cette jeune fille ? Qu'eût-il fait d'Elisa Chemin, si elle n'avait eu la force de se soustraire à ses odieuses caresses ? Qu'a-t-il fait d'Adèle Leroux, d'Emilie Roulo ? Après tant de crimes accumulés, de terribles présomptions se réunissent pour signaler la disparition de Henriette Stakoff comme une page dans la vie de cet homme au caractère taciturne et sombre, aux habitudes solitaires, aux mœurs dépravées, qui a commencé par la plus exécrable débauche et fini par l'assassinat. »

Cette lecture faite par le greffier d'une voix profondément émue, excite à plusieurs reprises des mouvements d'indignation dans l'auditoire.

On procède à l'audition des témoins ; ils sont au nombre de soixante-cinq ; tous ont répondu.

*Madeleine Foustier, femme Dreux :* Le samedi 24 juillet, sur les sept heures et demie du soir, j'ai reconnu Serain dans sa voiture avec deux petites filles. Il m'a regardé. Il avait un cheval blanc. Voyant qu'il n'était pas dans le chemin de Férolles, je me suis dit : Où donc qu'il va comme ça ? Je n'ai pas pensé autre chose. Le lendemain, j'ai appris que deux petites filles avaient été enlevées ; j'ai dit alors : Je sais bien qui c'est, je l'ai reconnu.

*M. le président :* Accusé, qu'avez-vous à dire ?

*L'accusé :* Rien du tout. Je ne sais pas ce qu'on veut me dire ; je n'ai jamais passé par les endroits qu'elle dit.

D. Vous n'avez donc pas enlevé deux petites filles ? — R. Non, Monsieur ; je n'ai jamais enlevé personne.

D. Mais vous l'avez avoué aux gendarmes. — R. Je ne sais pas ce que c'est.

D. Témoin, quel était le costume de l'accusé ? — R. Il avait une blouse bleue et un chapeau de paille.

D. A quel endroit l'avez-vous rencontré ? — R. Entre la ferme de Bou et le lieu des Clochettes.

*Ménager*, brigadier de gendarmerie à Jergeau : Ayant appris que Serain avait été reconnu par la femme Dreux, nous avons procédé à son arrestation. Il était dans le champ occupé à serrer sa moisson. Il nous a dit : « Pourquoi m'arrêtez-vous ? » Nous lui apprîmes que c'était pour avoir enlevé deux jeunes filles. Il nous répondit : « On se trompe, ce n'est pas moi. » A ce moment, il ne manifesta aucun trouble ; le lendemain ce n'était pas tout à fait la même chose. Nous le pressâmes d'avouer, lui disant qu'il avait été reconnu par la femme Dreux ; il nous fit la même réponse.

*Alexandrine Dhuit*, âgée de quatorze ans, marchande de gâteaux : Serain est venu à moi ; il m'a dit : « Veux-tu garder ma voiture ? » Je lui ai repondu : « Ce sont les garçons qui gardent les voitures. — Je te donnerai 2 *sous*. — Gardez-les, je n'en ai pas besoin. » Alors il s'est adressé à deux petites filles, les a prises dans ses bras, les a fait monter dans sa voiture ; je n'en ai pas vu plus long.

D. Accusé, vous entendez cette déposition ? — R. Je ne peux pas empêcher de déposer contre moi ; mais il n'est pas vrai que j'aie emmené ces petites filles.

*M. le procureur-général*, au témoin : Est-ce Serain qui a proposé aux deux petites filles de monter, sur votre refus ? — R. Oui, Monsieur.

« Serain, qui continue à pousser des gemisse-ments profonds mais sans larmes, s'écrie sourde-

ment : « Est-il possible de conter des mensonges comme ça ! » )

*Césarine Galinand* : Serain m'a proposé de
garder sa voiture; je l'ai refusé. « D'où es-tu
donc ? m'a-t-il dit.—D'Olivet, que j'ai répondu.
— Tu ne veux donc pas venir ? — Non. — Eh
bien, je m'en vais chercher d'autres petites filles
à ta place. » Il était six heures et demie du
soir. Je reconnais parfaitement l'accusé ; il a
pris le chemin de la rue Dauphine.

*Femme Galinand* : Etant sur la rue Dauphine, auprès de la tuilerie de M. Valentin, j'ai
vu passer un homme ayant deux petites filles
dans sa voiture. Je n'ai point reconnu l'accusé ;
mais connaissant les deux petites filles, j'ai
proposé à la mienne de monter avec elles ; elle
a refusé. Le conducteur de la voiture était sur
son brancard.

*Désiré Martin*, quatorze ans : J'étais dans la
rue des Montées; je portais de la viande. J'ai demandé à Serain à monter dans sa voiture : Il
m'a répondu que non. Je ne connaissais pas
l'accusé, mais je connaissais Emilie Roulo et
Adèle Leroux. Je les ai reconnues. La voiture
allait par Saint-Cyr.

*Alphonse Proust*, quinze ans : J'ai vu passer
un homme dans sa voiture avec deux enfants.
Nous l'avons appelé : « Eh ! père Chéron ! » Il
n'a pas répoudn. Nous le prenions pour le père
Chéron. Il avait une blouse bleue, un chapeau
noir. La voiture était attelée d'un cheval blanc; elle
allait du côté de Saint-Cyr. Je ne sais rien de plus.

*Victorine Giroux*, onze ans . J'ai vu passer

un homme dans sa voiture. Il avait deux petites filles. L'une d'elles pleurait.

M. le président fait remarquer à MM. les
jurés que le témoin demeure à Préhaut, l'accusé
commençait donc à s'éloigner d'Orléans.

D. Quelle heure était-il ? — R. Sept heures
et demie du soir.

D. L'avez-vous reconnu ? — R. Oh ! je le
reconnais bien. Il avait une blouse bleue et un
chapeau *blanc*.

*M. le président*, à l'accusé : Est-ce que vous
aviez deux chapeaux ?

Serain ne répond point.

M. le procureur-général fait remarquer que
jusqu'au Préhaut l'instruction a constaté que
Serain avait un chapeau noir. Ce n'est qu'à partir de ce lieu que plusieurs témoins commencent
à parler d'un chapeau d'une autre couleur.

*Justine Dubois* : Dans la soirée j'ai vu une
charrette dans laquelle était deux petites filles
avec un homme. Celui-ci était assis, l'une des
petites aussi ; l'autre était debout. L'homme
avait un chapeau *blanc*.

*Marguerite Amay, femme Pinaut* : J'ai vu
passer Serain dans sa voiture à quatre ou cinq
pas de moi. Je le reconnais par derrière. Il
était assis et avait un chapeau *blanc*. L'une des
petites filles était assise, l'autre debout. La charrette était attelée d'un cheval *blanc-gris*.

*M. le procureur-général* : Lorsque la justice
a passé à Férolles, on vous a montré le cheval et la voiture de Serain ; les avez-vous reconnus, si vous n'êtes pas positivement sûre de re-

connaître l'homme ? — R. Oui, Monsieur, j'ai reconnu parfaitement et le cheval et la voiture, et les harnais.

D. Est-ce que les enfants ne pleuraient pas ? — R. Oui; il y en avait une qui pleurait.

M. le président fait remarquer ici qu'on a eu soin de faire passer la voiture par le même chemin; tous la reconnaissaient, sauf, disaient-ils, que les petites filles n'y étaient plus.

*Charles Leroy :* J'ai vu passer Serain auprès de moi. J'ai très bien reconnu sa voiture, mais lui, non, quoique je l'aie vu plusieurs fois en ville. L'une des eufants était assise. Je ne sais pas au juste si elle pleurait. Je suis presque sûr maintenant que l'homme que j'ai rencontré était Serain. Je le reconnais presque.

D. Quel chapeau avait-il ? — R. Un chapeau blanc.

D. Il me semble que vous avez dit que vous entendiez quelque chose dans la voiture ? — R. Oui, je crois que ces petites filles lui disaient : « Ce n'est pas notre chemin. » L'homme répondait : « Nous arriverons tout de même. »

D. Est-ce que vous ne savez pas quelque chose sur les antécédents et la moralité de Serain ? — R. Oui, mon oncle m'a dit qu'on avait surpris Serain lui volant des bourrées dans une vente.

D. A l'accusé : Qu'avez vous à dire ? — R. Je n'en ai jamais enlevé de bourrées. Qu'on nomme donc la vente.

*Pierre Dupuis*, jardinier à la Motte, commune de Saint-Cyr-en-Val : J'ai vu une charrette dans un chemin conduisant à Sandillon ou au moulin des Prés, mais dans lequel on ne passe pas souvent. J'étais à cinquante pas. Il y avait des femmes ou des filles, je n'en sais rien; je n'ai pas reconnu non plus l'homme; la voiture arrivait au pont de La Motte. J'ai alors entendu un cri ou *craillement* et la voiture a pris le galop. Il était alors au moins huit heures et démie , car la nuit commençait à prendre.

*Louis Charrier*, charretier : Un homme a passé dans la cour de mon maître à dix heures du soir. J'ai crié : « Arrêtez ! » Il me dit : « Il y a donc une rue là ? J'ai répondu : « Oui. » Cet homme était en voiture; il y avait deux petites filles ; elles ne disaient rien. Le chemin pour aller au moulin des Prés passe par la cour de mon maître, mais ce n'est pas le vrai chemin.

D. Êtes-vous bien sûr de l'heure? — R. Oui, Monsieur, j'ai l'horloge de mon bourgeois.

D. Vous n'avez pas reconnu l'homme? Non, mais on m'a dit depuis que c'était Serain.

D. Quel chemin a pris ensuite la voiture en sortant de la cour ? — R. Elle a pris à droite vers les Bruels, mais non du côté de Sandillon.

*Femme Foucqueteau* : J'ai entendu une voiture passer, je n'ai rien vu, j'ai remarqué qu'il y avait deux bonnets de femme dans la voiture, j'ai entendu comme un rire ou comme un soupir étouffé, je crois que le cheval était blanc ou gris.

D. Accusé, qu'avez-vous à répondre ? — R.
Je n'ai jamais passé par là.

*Lemaire*, propriétaire : Le 25 juillet, j'allais
de ma demeure à Vildé; je vis un amas considérable de sang, je supposai qu'on avait saigné là
un animal. Un laboureur me dit quelques jours
après qu'il avait remarqué une trace de sang auprès du pont de Louis. Le 7, passant en cet endroit, je descendis de ma voiture pour examiner
ce sang. Je remarquai qu'elle était placée entre
deux voies de voitures.

M. le président prie le témoin de marquer à
Messieurs les jurés sur le plan les endroits où
il avait vu la première trace de sang et celle
qui lui avait été indiquée par Rollin, le laboureur.

D. Sur la chaussée de Vildé, passe-t-il beaucoup de voitures ? — R. Non, Monsieur; mais
je sais que quelques jours auparavant on avait
déposé des aulnettes sur le lieu même où depuis
j'ai remarqué ces traces de sang. C'est là ce qui
m'a fait supposer qu'on avait saigné un animal,
ou qu'il était arrivé en cet endroit un acci-
dent.

D. Depuis avez-vous ouï dire dans le pays
que ce sang provenait de bestiaux ? — R. J'ai
entendu dire, au contraire, que ce sang étant
très rosé, ne pouvait être autre que celui des
petites filles. J'explique que cet amas de sang
n'était point continu; c'était un amas d'un grand
nombre de gouttelettes de deux mètres de

longueur environ, et finissant par une seule gouttelette.

D. La première trace était-elle plus considérable que l'autre ? — R. N'ayant vu la deuxième que quelques jours après, je ne sais pas laquelle dans l'origine était la plus considérable.

*M. le procureur-général* : Quelqu'un autre que vous a-t-il vu le sang sur la chaussée de Vildé ? — R. Je sais qu'on a vu le sang sur le pont de Louis, mais j'étais seul sur le chemin de Vildé et j'ignore si d'autres personnes l'ont vu également.

*Théodore Rollin* : Le dimanche 25 juillet, j'ai vu entre cinq heures et demie du matin une tache de sang auprès du pont de Louis, à la pointe d'une pièce de blé de mars. Le sang était dans l'ornière. Au commencement il y avait un grand placard de sang, ensuite c'étaient des gouttes. C'est cette trace que j'ai montrée plus tard à M. le maire et ensuite aux gendarmes en présence de plus de cinquante personnes.

*Arsène Hutteau*, charpentier : J'ai apperçu le dimanche une trace de sang comme un cheval qui urine en marchant. Cette trace était à cent pas de la ferme de Vildé. Il était sept heures du matin. La trace avait deux mètres de longueur et était large seulement de deux doigts.

D. à M. Lemaître : Croyez-vous que ce soit la trace de sang que vous avez observée près

Vildé ? — R. Non, ce n'est pas la même position ; ce doit être une troisième trace de sang.

D. au témoin Hutteau : De quel côté allait la trace ? de quel côté allait-elle en finissant ? — R. Du côté de Sandillon.

*Louis Batelier apprêteur de laines.* M. le président fait observer que cette déposition a pour objet de prouver que les traces de sang dans la voiture ne peuvent provenir de déchets de laine, ainsi que l'a prétendu Serain.

En effet, le témoin affirme qu'il a souvent remis à Serain des déchets de laine , mais que ces déchets, s'ils pouvaient produire des taches de graisse, ne pouvaient laisser des traces de sang.

*Le sieur Gilbert,* marchand de peaux : J'ai vendu à l'accusé en décembre 1841 des peaux de moutons fraîchement tués. Il y avait du sang à ces peaux, mais pas en grande quantité. Au commencement de février ou dans le cours de mars, je lui ai livré un nouveau chargement de peaux. Il y avait encore du sang à ces peaux.

L'accusé interpellé sur les traces de sang remarquées dans sa voiture, déclare qu'il n'y avait point de sang comme on l'a dit ; que , si on en a trouvé, cela ne pouvait être que le sang occasionné par les peaux de moutons.

*L'un de MM. les jurés* : L'accusé, lorsqu'on lui a livré les peaux, les a-t-il conduites de suite à Orléans ? — R. Je l'ignore. Je sais seulement que les peaux ont été livrées deux jours après que les moutons ont été tués.

*Femme Neveu :* Le dimanche matin, j'ai vu chez Serain un drap qui avait deux taches de sang larges comme la main. La femme Serain était au moment de le laver, ainsi que deux chemises qui appartenaient également à Abraham Serain.

*M. le président,* à l'accusé : D'où provenaient ces taches de sang ? — R. Je n'en sais rien.

D. N'avez-vous pas enveloppé dans ce drap les corps de ces deux malheureuses petites, comme vous l'avez déclaré ? — R. Je n'ai jamais fait d'insulte à personne.

(Ici les gémissements de Serain sont tels que M. le président est obligé de lui imposer silence.)

*M. le président,* au témoin : Est-ce que l'accusé n'a pas fait de propositions à votre petite-fille ? — R. Non. Monsieur.

*Fille Neveu* (fille de la précédente) : Le mercredi, j'allai voir si Serain partait pour Jargeau. J'ai vu un bonnet de petite fille comme moi qui tombait de dessous sa blouse ; il avait une tache de sang sur le dessus, large comme la main. C'est moi qui l'ai ramassé. Serain s'est en allé. J'ai donné le bonnet à la femme Serain.

M. le président révèle à MM. les jurés que la femme Serain interrogée sur ce qu'elle avait fait de ce bonnet, a déclaré l'avoir brûlé. La femme Serain a été pendant quelque temps inculpée.

*M. le président,* à l'accusé : Où avez-vous trouvé ce bonnet ? — R. J'étais dans le bois, j'ai vu deux petites filles mortes ; j'ai trouvé aussi le bonnet et des souliers ; je les ai emportés avec moi.

D. Comment, si ce n'est pas vous qui avez déposé là ces cadavres, n'avez-vous pas averti le maire de votre commune ? — R. L'accusé ne fait qu'une réponse à peine articulée dont nous ne pouvons bien saisir le sens.

*Morin*, maréchal-des-logis de gendarmerie à Orléans.

Le témoin rend compte d'abord de la dénégation complète de Serain lors de son arrestation ; puis de son aveu qu'il avait enlevé les deux jeunes filles et les avait déposées dans la campagne. Enfin le témoin raconte la perquisition qu'il a opérée chez Serain ; à chaque objet qu'il lui représentait, il pressait l'accusé d'avouer qu'il les avait assassinées. Serain persistait toujours. « Comment pouvez-vous nier, lorsque je vois du sang sur tous ces objets, lorsque j'en vois jusque sur vos bottes ? dit le témoin. » Serain s'est baissé, a voulu essuyer le sang, mais il a persisté dans son silence.

Enfin, lorsqu'on eut arraché à Serain l'aveu de son crime, le témoin a pris part aux perquisitions qui ont été faites dans le bois de Vouzon pour retrouver les deux cadavres. Il retrace les détails donnés dans l'acte d'accusation, c'est-à-dire que l'un des cadavres était intact, l'autre à moitié dévoré par les animaux féroces.

*M. le président*, à l'accusé : Eh bien ! voilà

4

un témoin à qui vous avez fait l'aveu de votre crime; vous le rappelez-vous? — R. Non.

D. Et avez-vous oublié aussi que vous avez fait des aveux semblables à M. le juge d'instruction? — R. Non.

M. le président donne ici lecture de l'interrogatoire subi par Serain le 4 août. Il avoue avoir étranglé les deux jeunes filles de ses propres mains dans sa grange; la petite la première, l'autre après; qu'ensuite il les a mises sur la paille et les a jetées sur le friche dans les bois de Vouzon; mais il nie avoir commis aucun autre attentat; il ne les a tuées que pour s'en débarrasser, ne sachant qu'en faire.

Dans un interrogatoire subi quelques jours après, il réitère l'aveu qu'il les a étranglées lui-même; ce n'est plus dans sa grange mais bien dans sa voiture. (Nous reproduisons cet interrogatoire textuellement.

### INTERROGATOIRE DE SERAIN.

« A une demi-heure après le moulin des Prés j'ai voulu les faire descendre et les ai mises par terre. Elles se sont prises à *brailler* en appelant leurs mères, et en disant qu'elles ne voulaient pas rester comme cela toutes seules. Je me suis dit : perdues d'une manière, perdues de l'autre.... Et je les ai fait remonter. Elles se sont couchées dans ma voiture en sou-

pirant, et se sont endormies l'une à côté de
l'autre....

» A une demi-heure avant d'arriver chez
moi, dans la rue Verte, après le château de
Mlle d'Allaines, du côté de Rebauty, la ré-
flexion m'a pris, et je me suis demandé ce qu'on
me ferait quand on saurait que j'avais emmené
ces petites filles. Je me suis dit alors : Il faut
que je fasse quelque *comment* pour les faire
mourir. J'ai commencé par la petite. J'ai relevé
ses habits sans qu'elle s'en aperçoive trop. J'ai
ensuite par-dessus ses vêtements serré son cou
avec ma cravate bien fort. En se débattant elle
s'est plusieurs fois frappé la tête contre ma guim-
barde. Je crois bien qu'elle est morte dans ma
voiture. C'est après quelque temps que je ne
l'ai plus vue *grouiller*.

» En se débattant, elle a réveillé la grande.
Je lui ai dit : « Ce n'est rien, vois-tu, elle
dort. » Puis, je lui ai relevé son tablier autour
de la tête et je l'ai serré fort ; je n'ai pu re-
trousser ses robes. Comme elle se débattait
beaucoup sur le ventre, je me suis mis à genoux sur mon limon et je l'ai serrée fort au cou
pour qu'elle finisse plus vite. Quand je suis
arrivé dans ma grange, elle vivait encore. En
la descendant, elle est tombée de la voiture.
Je l'ai enveloppée dans un drap avec l'autre.
Elle se raidissait dans ce drap et s'en est dé-
faite. Je l'ai poussée sous des bottes de paille,
puis j'en ai mis une cinquantaine par dessus
pour l'étouffer tout à fait. Je suis resté une

heure à la voir finir. J'écoutais si je verrais branler la paille et si elle mourait comme il faut.

....J'ai relevé les vêtements pour qu'elles ne prennent pas l'air, pour les faire mourir et pour m'empêcher qu'elles ne me *voyaient.*

....J'ai bien mis une heure à les étrangler.

*M. le juge d'instruction :* La petite a été comme vous le dites seulement étouffée ; quant à la grande, vous l'avez violée et vous l'avez égorgée.

R. Quand je vous dis que je n'ai fait que l'étrangler...., je ne leur ai donné ni coups de bâton ni coups de couteau ; je ne leur ai pas dit du tout de mauvaises paroles. Elle ne doit avoir rien sur son cadavre si les mauvais animaux ne lui ont pas fait de mal. Faut-il qu'on ne les ai pas retrouvées dimanche dans ma grange !...

....Je vous assure que je les ai étouffées toutes les deux.

...Oh ! mon Dieu ! je les ai pourtant bien étranglées.

*M. le juge d'instruction :* Si vous vous étiez borné à étouffer la grande, comme vous aviez fait à la petite, il n'y aurait point eu de sang répandu.

R. Elles en ont répandu par le nez et par la bouche. D'ailleurs, elles ont pu se *cabocher* la tête contre mes guimbardes en se débattant dans la voiture.

D. Mais alors d'où venait donc tout ce sang ?

— R. Je n'en sais rien… Est-ce qu'elles étaient entières ?

D. Oui. — R. En ce cas, vous avez dû voir, et les médecins aussi, qu'il n'y avait pas de blessures ; je ne leur ai donné ni coups de couteau, ni coups de bâton ; elles ne doivent avoir de mal qu'à la figure.

» Vous voulez que je vous dise ce que je n'ai pas fait…Puisque vous voulez me condamner, faites-moi donc mourir tout de suite. Vous me faites souffrir plus que je n'ai fait souffrir ces pauvres petites filles. Ça n'a duré qu'une heure pour elles ; mais pour moi voilà déjà bien des jours. Est-ce que je vais rester dans mon cachot ? Est-ce qu'on me fera mourir ? Si vous me laissez là, il faut mieux me faire mourir tout de suite. On a mis un factionnaire pour me garder, et pourtant je n'ai pas envie de me tuer. Quand mon heure sera venue, je mourrai comme un autre, mais pas avant.

» Est-il possible de s'être mis dans un cas pareil !… Il y a trois ans que j'ai perdu ma religion et que je ne la suis plus. Dieu a donc permis cela pour que j'en vienne là.

» Ce factionnaire qui est devant ma porte et qui me regarde toujours, m'empêche de prier Dieu…. Si on me laisse dans mon cachot, je finirai par me laisser mourir de faim ; ou bien je deviendrai fou. L'autre jour, je ne savais plus ce que je faisais, je me suis mis à courir tout nu dans ma chambre en criant : « Faut-il se repentir de son crime, quand il n'est plus temps! »

Pendant la rédaction de cet interrogatoire, Serain n'a pas cessé de se lamenter ; il s'écriait à chaque instant :

« Eh ! mon pauvre cadavre !... Qu'est-ce que vous allez faire de mon pauvre cadavre ? Faut-il avoir été samedi en ville... Ah ! si j'étais resté chez moi ! Mais dites-moi donc, est-ce que vous me ferez mourir tout de suite ! Mon pauvre cadavre ! mon pauvre pays !... Me voilà ici quand je devrais être bien tranquille avec ma femme et mes voisins. Qu'est-ce que mes voisins disent de moi ? Me voilà donc dans les *langues du pays !* Quand je pense que Mlle d'Allaines ne me regarderait plus, et tous ceux pour qui je faisais des commissions non plus... Faut-il avoir emmené les pauvres petites filles... Est-ce que vous me ferez mourir ? est-ce qu'on me tuera bientôt ? Mon pauvre cadavre ! etc., etc. »

Après la lecture de ces interrogatoires, qui a rempli d'horreur tout l'auditoire, M. le président demande à Serain : « Eh bien, est-ce vrai tout cela ? — R. Non, Monsieur, je n'ai jamais fait de mal à personne.

D. Pour quel motif avez-vous fait ces aveux à M. le juge d'instruction ? — R. Je prouverai par témoins que je n'ai jamais fait d'injure à personne.

*Julie Mothes*, couturière. La déposition de ce témoin n'a d'autre intérêt que la reconnaissance par elle des effets ayant appartenu aux deux malheureuses victimes.

Après l'audition de ce témoin, l'audience est suspendue pendant quelques instants.

*Isidore Guérin*, instituteur à Férolles : Le samedi 24 juillet, j'ai vu Abraham partir à six ou sept heures pour Orléans. Il avait une charrette attelée d'un cheval blanc: il avait un chargement de paille. Son costume était une blouse bleue et un chapeau noir. Je ne l'ai pas entendu revenir le soir.

D. Connaissez-vous les habitudes de Serain?— R. Je ne sais pas grand'chose. Il faisait passable ménage avec sa femme, quoiqu'il eût peu de confiance en elle. J'ai ouï dire qu'il était atteint d'une maladie. Il avait assez bonne réputation dans le pays. Ils ne passait pas pour courir après les femmes et les jeunes filles.

*M. le procureur-général :* Recherchait-il les enfants pour jouer avec eux ? — R. Il aimait beaucoup les enfants ; ma petite fille ne le quittait jamais.

L'accusé rappelle le témoin avec sanglots pour lui demander des nouvelles de sa pauvre femme, et s'écrie : « Pauvres voisins ! »

*Rosalie Poignard, femme Guérin.* Le témoin déclare qu'il n'était pas encore couché à dix heures et demie du soir, et qu'il aurait entendu rentrer l'accusé s'il était rentré en effet.

La dame Guérin a remarqué que Serain emmenait volontiers les petites filles avec lui dans sa charrette, dans ses excursions quotidiennes.

M. le président rappelle aux débats la petite Neveu qu'il a emmenée un jour à Jargeau, et lui demande si dans le trajet il n'a pas commis sur elle quelque action indécente.

Cette enfant répond que non; mais elle pleure et paraît fort embarrassée.

On rappelle la femme Neveu, qui atteste qu'un jour une tentative de Serain n'a été arrêtée que par les cris de sa petite fille.

*Jacques Harrault*, laboureur : J'ai rencontré, le lundi matin, vers quatre heures Serain. « Où donc vas-tu, lui ai-je dit, tu es bien matineux? — Je vais du côté de Vouzon, m'a-t-il répondu, chercher du bois.» Il y avait dans la voiture de la paille par dessus les ridelles.

*M. le président*, à Serain : Qu'avez-vous à dire? — R. Je sais que je lui ai causé.

D. Où alliez-vous avec toute cette paille et ce foin ? — R. C'était pour nourrir mon bourriquet.

D. Mais le témoin soutient qu'il y avait de quoi nourrir votre cheval pendant trois jours? —R. Le témoin n'a pas remarqué qu'il y avait le collier de mon cheval dans la voiture en même temps dans ma charrette.

D. Ce foin était-il botelé ?—R. Non, Monsieur.

M. le docteur Corbin rend compte à MM. les jurés de diverses expertises qu'il a été chargé de faire conjointement avec MM. les docteurs Vallet et Lhuillier, et avec M. Petit, professeur de chimie au collége royal d'Orléans.

La première question était d'examiner si les taches remarquées dans la charrette étaient des taches de sang. La réponse des experts a été affirmative sur ce point. Seulement les experts n'ont point recherché si ces taches étaient du sang d'homme ou d'animaux, ni les uns ni les autres n'étant point convaincus que la science soit assez avancée pour résoudre cette grave question.

D. Avez-vous remarqué qu'il y eût des taches de sang plus anciennes les unes que les autres ? — R. Oui, Monsieur ; mais les taches brunes, pouvant indiquer l'ancienneté du sang, étaient extrêmement rares. Il a été certain pour nous qu'un homme ayant les mains ensanglantées avait saisi les ridelles de la voiture.

Le témoin rend compte ensuite de l'examen physiologique, physique et moral auquel les experts ont soumis Serain.

A la jambe gauche, par derrière, une tache de sang a été remarquée, mais le témoin n'entre pas dans de grands détails à cet égard. Le sang était surtout répandu sur les vêtements. C'est l'expert chimiste qui a eu la mission de les observer plus spécialement.

« Quant au moral de l'accusé, il nous a paru, dans les diverses conversations que nous avons eues avec lui, qu'il jouissait de la plénitude de ses facultés intellectuelles. »

Passant à l'examen des cadavres, M. le

docteur Corbin reproduit les détails que l'acte d'accusation a déjà fait connaître.

« (On représente à l'accusé la cravate qui a servi à étrangler les deux victimes. Il déclare qu'elle ne lui appartient pas).

*M. le procureur-général :* Pouvez-vous affirmer que la volonté de l'accusé n'a point été influencée par quelque cause morale? —R. Je puis affirmer que Serain est et a été dans la plénitude de sa raison. Nous l'avons vu à toutes les heures, le soir comme dans la journée, nous avons été mis en rapport pendant un certain temps deux fois par semaine avec lui; il nous a paru, je le répète, dans toute la possession de lui-même. Il manie même le sophisme avec assez d'habileté.

M. le docteur se demande ensuite si l'accusé peut être excusé pour cause de monomanie. On entend ainsi une idée déraisonnable non exclusive de la raison sur les autres points, mais qui empêche, dit-on, toute liberté dans l'individu qui en est atteint, lors toute fois qu'il s'agit des choses sur lesquelles porte sa monomanie. Certes, la monomanie existe; mais jamais Serain ne nous a présenté les caractères du monomane. Les détails de son crime, il nous les a révélés avec le plus grand sang-froid; rien n'indiquait chez lui un penchant homicide. Enfin, s'il est monomane, cette monomanie aurait dû le porter irrésistiblement au crime! Or il est constant que cent fois il a eu en sa possession des jeunes filles qui lui avaient été confiées, et il ne les a pas tuées. Pourquoi cela ? Parce que c'était un dépôt dont il fallait rendre compte. Mais c'est là le raisonnement, ce n'est point là la monomanie. M. le docteur conclut en disant : « Serain est un homme non monomane, il avait seulement une ardeur effrénée pour le plaisir, sauf à faire disparaître ceux qui pouvaient révéler ses crimes.

*M. Petit*, professeur de chimie au collége royal d'Orléans : A l'égard des taches de sang, M. l'expert a pensé que ces taches étaient récentes ; mais il n'a pas voulu s'occuper de rechercher si c'était du sang d'homme ou d'animaux, parce qu'il ne lui semble pas que la chimie ait le secret de cette distinction.

Sur la blouse de Serain l'expert a constaté la présence de taches de sang et de taches de cambouis.

*M. le procureur – général :* Pensez-vous que les taches de sang sur la voiture fussent plus récentes que si elles avaient été versées à l'époque du mois de mars ! — R. Je le pense.

D. Pouvez-vous à la couleur rosée du sang présumer si c'est celui d'une jeune fille ou d'une femme plus âgée ? — R. Je ne tire aucune indice de cette circonstance.

MM. les docteurs Vallet et Lhuillier entrent à peu près dans les mêmes détails que les précédents experts, et sur les taches de sang remarquées dans la voiture de Serain, sur celles observées sur ses vêtements, sur son état physiologique, physique et moral, et enfin sur l'état dans lequel ont été retrouvés les cadavres des deux malheureuses enfants. Leurs conclusions sont absolument identiques. « Serain n'est ni un fou ni un monomane, cela est démontré pour nous, nous l'affirmons donc dans toute la sincérité de notre conscience. »

On représente de nouveau à Serain toutes les pièces de conviction qui avaient été reconnues au cours de l'instruction, soit par lui, soit par sa femme, pour lui appartenir. Rien ne peut vaincre la résolution maintenant adoptée par Serain de tout nier. Il soutient toujours de sa voix sombre et peu assurée qu'il ignore complètement ce qu'on veut lui dire.

L'audition de tous les témoins relatifs à l'enlèvement des deux petites filles, Emilie Roulo et Adèle Leroux, étant terminée, la séance est levée et renvoyée à demain. Il est en ce moment quatre heures et demie.

*Audience du 10 Novembre.*

L'affluence est toujours aussi considérable. Les mêmes précautions ont été prises par l'autorité pour empêcher que la foule ne se précipitât dans la salle d'audience.

A dix heures un quart l'accusé est introduit. Il porte le même costume qu'hier. Sa physionomie a toujours la même expression de férocité sinistre et d'hypocrisie profonde. Il paraît abattu.

Immédiatement après la Cour entre en séance.

*M. le président*, à l'accusé : Serain le samedi 24 juillet aviez-vous des couteaux sur vous ? — R. Il est bien rare lorsque j'en avais.

D. Vous en aviez donc quelquefois ? ( Point de réponse. )

Sur l'invitation de M. le président, on présente à l'accusé trois couteaux saisis chez lui ; il déclare ne les point reconnaître.

D. Ne vous seriez-vous pas servi de ces couteaux pour tuer la jeune Émilie Roulo ? — R. Je n'ai jamais fait de mal à personne. ( Murmure dans l'auditoire. )

Avant de procéder à l'audition des témoins non encore entendus, M. le président donne lecture de quelques parties des interrogatoires que nous avons déjà publiés.

( Pendant cette lecture, l'accusé reprend le cours de ses lamentations et de ses gemissements, mais ses yeux sont secs. )

M. le président avertit que le témoignage qu'on va entendre est relatif à l'un des chefs d'accusation contre Serain.

*Sophie Percheron*, treize ans : J'étais à la foire ; j'ai rencontré un homme qui m'a dit : Veux-tu que je t'emmène à la comédie? J'ai refusé; il s'est éloigné. Ma cousine m'a payé un gâteau et s'est éloignée. Ensuite l'homme est revenu et m'a dit : Ta tante m'a chargé de t'emmener. — Ce n'est pas ma tante, c'est ma cousine. Il a dit : C'est égal. Alors je l'ai suivi. Il m'a conduite par des rues détournées jusqu'à l'arche de la rue Royale. Là nous devions trouver sa voiture. Il m'a proposé d'y monter, me disant qu'il me ramènerait chez nous, rue Bannier ; mais mon frère est arrivé qui lui a donné un coup de fouet, et lui a dit des sottises.

D. au témoin : Quel costume portait cet homme ? — R. Il avait une blouse et n'avait pas l'air vieux.

D. Reconnaissez-vous Serain pour cet homme ? — R. Non, Monsieur ; je n'ai pas regardé l'homme qui me conduisait.

D. à l'accusé : Eh bien ! Serain, est-ce vous ? — R. Je suis venu à Orléans plusieurs fois, mais je n'ai jamais fait cela.

*Constant Percheron*, frère du précédent témoin, et marchand de chevaux : Au mois de juin, j'ai rencontré Serain dans la rue Royale avec ma sœur. Je lui ai demandé pourquoi il l'emmenait. Il ne m'a rien répondu, sinon, qu'il la conduisait chez sa cousine, qui lui avait dit de l'emmener chez sa tante. Voyant qu'il mentait, je l'ai coursé à coups de fouet et lui ai dit des sottises. Depuis ce temps-là, je l'ai rencontré plusieurs fois, et je me disais toujours : Voilà le vieux magot qui a voulu emmener notre sœur.

D. Vous reconnaissez bien Serain ? — R. Je suis certain que c'est lui ; je n'ai aucun doute.

D. A l'accusé : Serain, regardez le témoin ; convenez-vous de ce fait ? — Je n'ai jamais fait de propositions à personne.

D. à l'accusé : Vous rappelez-vous avoir reçu des coups de fouet et des injures? —Cela n'est pas vrai.

*Dépositions relatives au troisième enlèvement,*
1<sup>er</sup> *février* 1840.

*Elisa Chemin :* Je sortais de porter une robe dans la rue Bannier, au coin du Martroi, un homme m'a suivie, il m'a dit : « Ma petite fille, veux-tu me conduire à l'arche de la rue Royale ? — Suivez tout droit, que je lui ai dit, et vous y êtes. — Non, je veux que tu m'accompagnes.—Je ne veux pas.—Je te donnerai vingt sous. — Non. — Alors emmène-moi du côté de Ste-Croix. — Vous irez bien vous-même. — Tiens, voilà 5 francs, si tu veux venir. » Le témoin dit que Serain, ne pouvant obtenir d'elle ce qu'il désirait, l'a suivie; qu'arrivé dans la rue de la Hallebarde, il lui demanda le magasin de M. Asselineau : « Le voici, lui ai-je dit. — Ce n'est pas celui-là, c'est celui qui demeure sur le quai.— Alors je ne le connais pas. » Il m'a bien promenée ainsi pendant deux heures. Dans la rue Mâchecloux, il m'a mis les deux mains sur les épaules et m'a dit : « Ma petite fille, veux-tu m'embrasser ? —Non, monsieur. » Il a voulu tout de même le faire; mais je me suis esquivée et j'ai crié au secours. Je suis entrée chez Mad. Gigou; l'homme a été arrêté par M. Bourrigault.

Serain interpellé donne sur le fait, qu'il ne

dénie pas complètement, des explications peu satisfaisantes et que sa voix sombre et voilée permet à peine d'entendre.

*Femme Gigou* : J'ai vu entrer au moment indiqué dans ma boutique une petite fille toute effrayée. J'ai crié au secours, lorsque cette petite fille m'a dit qu'un homme avait voulu l'emmener. Je ne sais rien autre chose.

*Bourrigault* : Le 1er février 1840, sur le soir, j'ai entendu crier : « Arrêtez le coquin, qui veut enlever les enfants ! » Alors j'ai mis la main sur un individu qui m'a répondu qu'il avait demandé à une petite fille où demeurait M. Asselineau. Il m'a dit aussi qu'il s'appelait Abraham Serain. Là dessus, je l'ai laissé aller. Je reconnais parfaitement l'accusé.

*M. le président*, à l'accusé : Reconnaissez-vous avoir été arrêté par le témoin ? — R. Je ne sais pas si c'est cet homme-là ; d'ailleurs je ne faisais rien.

*Quatrième chef d'accusation. Attentat à la pudeur sur la personne de Pélagie Ramond, le 24 août 1840.*

*Pélagie Ramond*, âgée de sept ans : Un homme m'a pris contre chez Coladant, le jour de la foire de mon pays. Il m'a emmenée dans un blé loin de l'église de Vouzon. Il m'a jetée par terre et a manqué de m'étrangler. J'ai *braillé*, mais je me suis trouvée mal. Je ne l'ai pas vu en aller.

D. Le reconnais-tu bien ?

L'enfant regarde l'accusé avec une expression de terreur et répond : « Oh ! oui, Monsieur. »

D. T'a-t-il pris quelque chose ? — R. Oui,
Monsieur ; il m'a pris mon bonnet.

D. à l'accusé : Etiez-vous ce jour là à Vouzon ? — R. Oui, Monsieur ; mais mon cheval
était très-méchant, et je suis resté toute la
journée à l'auberge pour le garder.

Cependant Serain avoue avoir été plusieurs
fois sur la foire pour voir comment allait la
vente des légumes. Du reste, il dénie complètement avoir pris une petite fille par la main sur
la place du marché de Vouzon.

D. Est-ce que l'accusé ne t'a rien promis
pour t'enlever ? — R. Il m'a promis des oiseaux
plein mon panier.

Laurent Ramond, père de la jeune fille.

Le témoin rend compte de l'état dans lequel
se trouvait sa malheureuse petite fille lorsqu'elle
est rentrée chez lui ; les ongles lui étaient entrés
dans la figure, qu'elle avait toute déchirée ; elle
avait les doigts abimés, et il y avait apparence
qu'on avait voulu lui arracher la langue.

Enfin le témoin reproduit les détails de la déposition de sa petite fille, que celle-ci lui a donnés
lorsqu'elle a été questionnée par lui. « Cependant, continue le témoin, je lui faisais beaucoup
de questions, la rougeur lui est montée au front,
et elle m'a dit : Papa, je t'en prie, ne m'en demande pas davantage. »

Le témoin donne d'autres explications que nous croyons devoir ne pas rapporter, et qui ne laissent aucun doute sur la tentative dont son enfant a été l'objet.

D. Votre fille était-elle bien émue ? — R. Oui, Monsieur, nous avons été obligés de la mettre au lit; j'ai été plus de vingt fois en trois jours pour retrouver la place où elle avait été ainsi traitée, mais je ne l'ai pas pu. Plus tard cet endroit a été reconnu, et on y a trouvé un sou que ma petite fille avait dans son panier, et deux petites médailles qu'on lui avaient données à la foire.

*M. le procureur-général* : L'enfant pouvait-elle être entendue crier ? — R. Je ne le pense pas : il y a plus de mille mètres du bourg à l'endroit où elle a ainsi été entraînée.

D. Lorsque devant M. le juge d'instruction on a confronté Serain avec votre petite fille , que s'est-il passé ? — R. Aussitôt que Serain est entré ma petite s'est jetée sur moi avec horreur, en me disant . « Oh ! mon papa, voilà l'homme qui m'a enlevée. » ( Serain interpellé sur cette circonstance, consignée d'ailleurs au procès-verbal de confrontation, prétend que le père agitait ses pieds.) D'ailleurs elle m'a donné son signalement, et elle me disait : Il est un peu plus grand que toi , papa , il a les cheveux bien noirs, la figure *guère pâle* et guère rouge.» Le signalement était si frappant que quand j'ai vu Serain pour la première fois je me suis dit moi-même, c'est bien ça.

La femme Ramond.

Sa déposition contient le même détail sur l'état pitoyable dans lequel sa jeune enfant est rentrée chez elle.

François Neveu, jardinier à Férolles. C'est l'un des voisins de Serain. Son exclamation habituelle : « Oh ! mes pauvres voisins ! » recommence en le voyant.

*Le témoin* : Je suis allé à Vouzon avec Serain. Nous y sommes arrivés sur les sept heures. C'est moi-même qui ai conduit la voiture et le cheval à l'auberge. C'est moi aussi qui l'ai soigné toute la journée. Je suis sûr que Serain n'a pas dormi pendant tout le voyage, mais j'ignore s'il est allé se promener sur la foire.

(Serain prétend ici que le témoin fait erreur).

» Nous sommes repartis à deux heures. Ce n'est que depuis que le procès a commencé que ma femme m'a dit avoir vu une petite fille avec Serain.

*J. Neveu* : Nous sommes allés avec Abraham Serain à Vouzon. C'est lui qui m'a aidé à décharger ma marchandise. Il est venu me voir sur les dix heures, sur le marché, me demandant si mon commerce allait bien. A midi, une heure il a repassé près de moi, il tenait une petite fille par la main ; il m'a dit qu'elle avait perdu son père et sa mère, et qu'il allait tâcher de les retrouver avec elle.

D. Reconnaîtriez-vous cette enfant si elle vous

était présentée ? — R. Je ne sais pas bien; c'était une petite fille de six à sept ans.

La jeune Pélagie Ramond présentée au témoin, celui-ci déclare que c'est la même taille, la même toilette, mais qu'il ne peut pas la reconnaître.

*Serain*, se levant : Je ne sais pas pourquoi tous ces témoins sont contre moi.

*Charles Hubert:* C'est le propriétaire de la pièce de seigle dans laquelle l'attentat a été commis. Une partie de ce seigle était foulée. On y a trouvé un sou, des devises et un morceau d'indienne déchiré.

D. Pouvait-on entendre les cris de l'enfant ? — R. Non ; il y a environ mille pas de cet endroit au bourg.

*Hortense Moulin, onze ans :* Etant à la foire d'Orléans, avec quelques-unes de mes compagnes de Sandillon, j'ai vu un homme qui m'a proposé de m'emmener de la part de mon papa; il m'a dit qu'il m'emmènerait dans sa voiture jusqu'à Sandillon et que je ne me fatiguerais pas.

D. Reconnaissez-vous bien cet homme ? est-ce bien l'accusé ? — R. Oui, Monsieur, c'est bien lui.

Serain dénie comme à l'ordinaire.

D. ( au témoin ) : Est-ce qu'une de vos petites camarades n'a pas dit à Serain : « Nous voulons bien, si vous voulez nous emmener toutes ? » — R. Si, et il a répondu qu'il ne voulait en emmener que deux ; que sa voiture serait trop chargée s'il les conduisait toutes.

*Thérèse Juranville*, c'est l'une des camarades de la petite Moulin. Sa déposition reproduit les mêmes détails. Le témoin reconnaît parfaitement l'accusé; elle l'a revu depuis, sur le chemin de Sandillon, conduisant un cheval et une voiture. Elle ajoute que Serain les a bien poursuivies et sollicitées pendant une heure.

*D.* Serain, qu'avez-vous à répondre? — *R.* Ces petites filles m'en veulent ; j'ai eu des mots avec le père Juranville.

*Le témoin* vivement : Mon père ! il ne vous connaît pas.

*L'accusé :* Au surplus, cela peut être fait par d'autres, mais moi je suis incapable de cela.

*Adélaïde Moulin,* autre compagne des précédentes, elle répète toutes les circonstances que nous venons de rapporter. Comme les autres, elle reconnaît dans Serain l'homme qui leur a adressé des propositions.

*La femme Stakoff :* Le 26 novembre 1840, ma petite fille, à midi était encore chez nous, elle est sortie à midi et demi pour aller voir sa tante chez M. Alluard; elle y est allée en effet, puis elle est allée jouer sur le Mail avec son petit frère qu'elle n'y a point trouvé. De là elle s'est rendue chez sa marraine, Mad. Desgages; celle-ci la fit dîner avec elle ( il était alors quatre heures et demie ), et l'a renvoyée à sa mère avec deux grosses pommes. Elle est

5*

revenue par le Petit-Mail en faisant rouler ses
pommes; elle a été rencontrée là par Mad. Deschênes ; la petite fille de cette dame lui a proposé de l'accompagner, mais sa mère a dit
a'il était trop tard. Il n'y avait personne
sur le Petit-Mail, si ce n'est un homme qui
était couché sur le parapet. C'est la petite Deschênes qui a dit à sa mère : « Tiens, maman,
voilà un homme sur le parapet. » Depuis ce
temps-là, ajoute la pauvre mère en fondant
en larmes, je n'ai plus revu ma petite fille.

Ici M. le président révèle que le 26 novembre, le jour même de la disparition, Serain
avait passé à la porte Bannier, qui se trouve
à deux pas du Petit-Mail, et que là il avait ac-
quitté les droits d'une pièce de vin qu'il conduisait chez un sieur Saurette.

Serain interpellé nie avoir enlevé la petite
Stakoff et avoir même paru sur le Petit-Mail.

*Louise-Augustine Deschênes* raconte la rencontre qu'elle a faite avec sa mère de la petite
Stakoff; celle-ci s'en est allée vers la porte Bannier en suivant le parapet. Elle déclare avoir
bien vu un homme qui était tourné par derrière
et regardait dans les fossés de la ville. Cet
homme avait un chapeau noir et une blouse
bleue; mais l'enfant ne peut pas le reconnaître.

D. Tu n'as pas vu cet homme suivre ta petite
compagne? — R. Non, Monsieur, parce que
j'ai détourné le coin de la rue avec ma mère.

*Témoignage relatif à l'assassinat de Rosalie Serain, nièce de l'accusé, le 21 juin 1832, jour de la première communion.*

*Jacques Gigou* de Férolles : La petite était allée à la messe ; elle a demandé à sa mère de sortir ; elle n'est pas rentrée ; sa mère s'en est inquiétée comme de juste. Elle a pris des informations, mais personne ne pouvait lui donner aucun renseignement. Les recherches se sont prolongées jusqu'à onze heures et demie du soir. Le père est resté toute la nuit, rôdant autour du bourg, pour voir si son enfant ne reviendrait pas ou ne se ferait pas entendre.

Je me suis levé, ajoute le témoin, à trois heures du matin, pour aller à mon ouvrage. En passant auprès d'une petite pièce de blé, l'envie m'a pris d'y entrer ; là, après avoir sauté quelques sillons, j'aperçus l'enfant..... On aurait juré qu'elle était endormie. J'ai crié en la secouant : Rosalie ! Rosalie ! est ce que tu dors ? mais rien !... Alors j'ai vu que cette pauvre petite était assassinée ; elle avait des cicatrices au cou. Ce qui m'avait bien surpris au premier coup d'œil, c'est que l'enfant n'avait plus ni bonnet, ni souliers, ni mouchoir de cou.

J'ai averti aussitôt l'adjoint qui m'a prié de faire venir le père chez lui. Il disait : « Mon Dieu ! je voudrais bien savoir ce qu'est devenue mon enfant, si elle est morte ou en vie ! » Alors nous lui avons appris son malheur.

M. le président explique que le crime n'avait pas été commis à l'endroit où le cadavre de l'enfant a été retrouvé ; - il explique aussi que les soupçons se sont portés sur un nommé Poignard; qui avait une mauvaise conduite et avait été condamné pour un autre attentat à la pudeur. Il a même été arrêté, mais on a reconnu qu'il ne pouvait pas être l'auteur de ce crime et on l'a relâché.

D. au témoin : A-t-on soupçonné Serain à cette époque ? — R. Non, je ne l'ai pas entendu dire.

*M. le procureur-général* au témoin : N'a-t-on pas pensé à Férolles que le crime n'avait pu être commis par des étrangers, parce qu'on n'avait pas transporté le cadavre dans la pièce de blé ? — R. Je ne sais pas ce qu'on a pensé.

D. Quelle opinion a-t-on sur Serain depuis qu'il est reconnu l'auteur de tant de crimes ?— R. On dit qu'on ne l'en aurait pas cru capable.

D. Et avant, que pensait-on de lui ? — R. Je n'ai jamais rien entendu dire de lui. Il passait pour un homme *tout bon*. Il faisait tranquillement son petit trafic; d'ailleurs, jamais je n'ai fait société avec lui.

D. Est-ce que Serain ne demeurait pas à cette époque auprès de l'église?—R. Si, Monsieur.

D. Y avait-il beaucoup d'habitants à l'église ce jour là ? — R. Oui, Monsieur; mais il y en avait aussi qui travaillaient dans la campagne.

D. Serain était-il à la messe ? — R. Je ne pourrais pas vous dire.

M. le président révèle à MM. les jurés qu'il résulte des aveux de Serain et d'autres documents de la procédure qu'il n'était point à la messe ce jour-là.

La femme Lemaire de Férolles.

Cette déposition a pour but de prouver que le transport du cadavre de Rosalie Serain a été opéré pendant la nuit dans la pièce de blé, car le témoin affirme que la veille au soir les perquisitions s'étaient étendues précisément jusqu'à cette pièce de blé.

Charles Lemaire de Férolles.

Le témoin déclare qu'il ne sait rien.

D. N'est-ce pas vous qui avez vu la petite Serain sortir de l'église? — R. Oui, monsieur, je l'ai vue passer du côté du cimetière.

D. Ne l'avez-vous pas vue s'arrêter devant la maison de Serain? — Non, monsieur.

M. le procureur-général fait observer qu'il n'est pas étonnant que le témoin, qui à l'époque du crime n'avait que 7 ans, n'ait pas conservé la mémoire de tous ces détails; mais il résulte de sa déposition écrite qu'il a vu la petite Serain s'arrêter devant la maison de l'accusé.

*Joseph Chevallier*, meunier à Sandillon: Il y aura deux ans cet hiver, j'ai rencontré Serain dans un bois que j'avais exploité; il chargeait dans sa voiture des fagots et bourrées qui appartenaient tant à moi, qu'à Bidoux qui était avec moi; nous lui avons fait décharger le bois.

D. A l'accusé Serain: Qu'avez-vous à repondre sur ce fait? — R. Oui, j'ai vu *un homme* qui a prétendu que c'était son bois et qui s'est mis en grande colère contre moi. Comme je n'ai jamais eu de querelle avec personne, et que je n'en voulais point avoir, j'ai déchargé mon bois; mais je n'en volais point et je n'en ai jamais volé.

D. Serain, la mémoire paraît vous être revenue, puisque vous vous rappelez à peu près les faits qui se sont passés, il y a plusieurs années; voyons, vous rappelleriez-vous le malheureux événement du 24 juillet qui est plus récent? —R. Je ne sais pas, dit-il d'une voix basse et sombre, ce qu'on veut contre moi.

D. Mais on dirait que vous avez peur de parler de cet exécrable attentat; votre voix était sonore il n'y a qu'un instant, on vous entend à peine maintenant; le meilleur parti que vous ayez à prendre, c'est de témoigner votre repentir par un aveu sincère que, du reste, vous avez déjà fait? — R. Non, ce n'est pas moi.

*Jean Tissier.* Le témoin s'explique sur le vol d'une chaîne, qui aurait été commis par Serain à son préjudice.

L'accusé avoue lui avoir dérobé une chaîne, qu'il aurait trouvée au bord d'un chemin.

M. le procureur-général se lève ensuite et requiert qu'il plaise à la Cour, attendu que les dernières dépositions qui vont avoir lieu sont de nature à compromettre l'ordre public et les bonnes mœurs, il soit ordonné, aux termes de l'article 55 de la Charte constitutionnelle, que les débats jusqu'aux plaidoiries exclusivement continueront d'avoir lieu à huis clos.

La Cour, après en avoir délibéré, rend un arrêt conforme aux conclusions de M. le procureur-général, et ordonne que la force armée fera évacuer la salle.

Pendant que la gendarmerie exécute cet ordre, l'audience est suspendue et reprise aussitôt que le silence a été rétabli et que MM. les jurés ont repris leur place sur les bancs qui leur sont destinés.

Après l'audition de ces témoins l'audience est levée et renvoyée à demain dix heures pour le réquisitoire de M. le procureur-général et les plaidoiries.

### Audience du 11 novembre.

A mesure que la péripétie du drame approche, le nombre des spectateurs augmente. Aujourd'hui la salle est plus que complètement pleine, et les nombreux agents de la force publique peuvent à peine comprimer le mouvement de curiosité qui se manifeste sur le passage de l'accusé lorsque celui-ci vient prendre place sur les gradins. Serain paraît consterné; sa figure a revêtu une teinte livide qui témoigne des angoisses de la nuit.

La Cour prend siège à dix heures et quart. Beaucoup de membres de la Cour et des divers tribunaux prennent place derrière elle en habit de ville sur des bancs reservés.

La parole est à M. le procureur-général.

M. le procureur-général se lève et s'exprime ainsi au milieu du plus profond silence :

« Messieurs les jurés,

» Dans cette cause lugubre où tout saisit le cœur et effraie la pensée, tous les faits, tous les détails, tout ce que vous avez à juger souverainement, la volonté, le but et l'action, tout est d'une horrible simplicité et d'une certitude horrible. L'évidence est partout, le doute n'a de place nulle part; toute défense sérieuse est impossible. En présence de ce malheureux accablé, non par les remords, plût à Dieu! mais par le sentiment d'une responsabilité inévitable, la parole du magistrat que la loi a chargé du redoutable devoir de provoquer l'expiation n'a aucun effort à faire; elle pourrait même s'abstenir sans danger; sinon sans convenance.

» Elle se bornera, Messieurs, au recit lamentable des faits qu'il faut passer en revue une dernière fois.

» Le samedi 24 juillet, vers quatre heures du soir, deux jeunes filles, deux enfants, espoir et consolation de deux familles pauvres, Emilie Roulo, âgée de onze ans et demie, et Adèle Leroux, âgée de dix ans, étaient emportées par une voiture conduite par un inconnu; elles y étaient montées sur l'invitation de cet homme, au bout du pont d'Orléans, et on les avait vues s'éloigner par la rue Dauphine, la Mouillière, la rue des Montées, puis le chemin de Saint-Cyr, et se perdre dans la nuit à travers la campagne.

» Quelques instants avant le même étranger

avait proposé à la petite Galinaud, sur le pont,
de l'emmener en voiture, et à son refus il
l'avait quitté en disant : « Puisque tu ne veux
pas venir, je trouverai une autre petite fille. »

» Il en avait trouvé deux, Messieurs, et le
refus de l'enfant, en lui sauvant la vie, a fait
deux victimes au lieu d'une.

» Il s'était ensuite adressé à une petite marchande de gâteaux qui avait refusé sa proposition.

» Emilie Roulo et Adèle Leroux présentes
l'avaient acceptée et avaient bientôt disparu ;
pendant trois jours les recherches furent vaines
et tous les efforts inutiles.

» On avait bien suivi les traces du ravisseur
pendant deux ou trois lieues ; mais la nuit était
venue protéger le crime. Le nom du coupable,
sa retraite, le sort des malheureux enfants
étaient encore inconnus.

» Vous comprenez, Messieurs, les angoisses
de ces deux familles durant ces heures d'incertitude cruelle, que devait suivre bientôt une
certitude plus cruelle encore.

» Ah ! dites-vous aussi les anxiétés, les
douloureuses sollicitudes des magistrats qui
n'avaient pas pu protéger, et qui pouvaient
craindre d'être impuissans à préparer, à assu-
rer le châtiment d'un si lâche attentat. Mais le
quatrième jour apporte des lumières impor-
tantes ; l'instruction fait un pas décisif. Une
femme qui a paru devant vous, la femme Dreux,
dite Vital, avait rencontré le samedi soir, à sept

heures environ, à la hauteur du château de la Source, sur le chemin de St-Cyr, une voiture avec deux enfants, conduite par un homme qu'elle connaissait.

» Cet homme, c'est Serain; c'est l'accusé. Le lundi, en apprenant l'enlèvement des deux enfants à Orléans, la femme Dreux a d'horribles soupçons : elle en fait part à une femme de Jargeau, celle-ci au brigadier de gendarmerie.

» Ce sous-officier, qui avait le signalement de l'homme, de la voiture et du cheval, donné par la petite marchande de gâteaux, se transporte à Férolles, constate l'identité, arrête Serain et le transfère à Orléans.

» Il y arrive sur cette même charrette attelée de son cheval. Une foule immense qui le devinait et qui semblait le reconnaître, l'accompagna à la prison en le poursuivant de malédictions et de cris de vengeance.

» Messieurs, le jugement de la multitude a précédé le vôtre.

» Ce jour-là, l'expiation a commencé pour le coupable.

» Il est interrogé tremblant encore et tout étourdi de l'horreur qu'il inspire et des menaces qu'il a entendues ; mais son esprit est présent.

» Il nie le crime; il indique la route de Saint-Jean-le-Blanc, vers Sandillon, comme la route qu'il a prise : c'est la route ordinaire. Il nomme même une personne qu'il a vue à Saint-Jean-le-Blanc, mais déplace l'heure : il l'a vue le matin, non le soir. Du reste, il ne connaît pas la Mouil-

lière, les Montées, le chemin de Saint-Cyr par
le val ; il ne passe jamais par là.

» Cependant Alexandrine D'Huit le reconnaît ; elle reconnaît la voiture et le cheval.

» Cette voiture offre de nombreuses traces
rougeâtres sur le plateau, sur les côtés ; on les
soumet à l'analyse, qui apprend bientôt que c'est
du sang fraîchement répandu.

» On le reconduit sur les lieux par le même
chemin que sa voiture avait si fatalement parcouru. Partout il est reconnu ; partout on rencontre des témoins qui, s'ils ne nomment pas
l'accusé, sont sans doute aucun sur l'identité
de sa voiture et de son cheval. « C'est sa voiture, ce sont ses harnais, son cheval ; il ne
manque que les deux pauvres enfants. » Voilà
le cri qu'on recueille partout et qui s'élève sans
aucune hésitation de toutes les consciences. »

M. le procureur-général se demande comment
il se fait que quatre témoins qui l'ont bien reconnu
disent positivement qu'il avait un chapeau *blanc*.
Et cependant il était parti le matin avec
un chapeau *noir* ; lorsqu'il sort d'Orléans, les
premiers témoins qui l'aperçoivent ne parle que
d'un chapeau *noir*. Pourquoi ce chapeau *blanc*
ensuite ? Est-ce une infernale précaution qui
faisait remonter la préméditation de son départ
de Férolles jusqu'à ce moment ?

» Vous l'apprécierez, MM. les jurés ; mais
heureusement nous n'avons plus besoin de cette
preuve.

» Au-delà du Préhaut, la nuit commençait,

il n'est plus reconnu, mais on voyait dans les ténèbres le même cheval blanc, la même voiture, des gémissements étouffés en sortent, le meurtrier précipitait sa marche, il mettait sa voiture au galop. Ainsi jusqu'à Férolles, tout nous révèle le passage sinistre et mystérieux de cette fatale voiture; au-delà du pont de Louis, les ténèbres sont trop grandes, on ne peut plus distinguer sûrement le meurtrier.

» Sur cette route, de nouveau parcourue par Serain, l'émotion ne l'a pas gagné un instant; enfin, arrivé près de Férolles, le gendarme placé auprès de lui croit remarquer qu'il se trouble, il le presse d'avouer son crime. Serain laisse échapper une demi-vérité. C'est lui qui a enlevé ces enfants, mais il les a abandonnées, il ne sait pas ce qu'elles sont devenues.

» Une perquisition est faite à son domicile; des objets tachés de sang qui ont appartenu aux victimes, on les représente à Serain; nouveaux efforts auprès de lui; il ne sait pas ce qu'on veut lui dire; l'émotion a cessé, il rejette son aveu et se retranche dans un silence obstiné.

» Cependant la voiture était inondée de sang, de larges taches de sang sont également remarquées par plusieurs témoins en divers parties du chemin, leur configuration et leur direction témoignaient que la personne assassinée ou seulement blessée avait été conduite d'Orléans à Férolles.

» Tout ce sang annonçait une victime; mais Serain persiste dans ses dénégations! Enfin, on

apprend que la petite Neveu, que la femme Serain elle-même ont trouvé des objets ensanglantés. Un bonnet taché de sang, qui depuis a
été brûlé par la femme Serain, est tombé de la
poche de l'accusé (c'est la petite Neveu qui l'a
ramassé) ; enfin on apprend que le lundi, à
quatre heures du matin, Serain s'est dirigé vers
Vouzon, dans une charrette, qui a excité les
soupçons de Jacques Harrault qui l'a rencontré.
Toutes ces terribles preuves sont représentées à
Serain, et c'est alors seulement que ce misérable
ne peut plus dénier son épouvantable crime. Il fait
des aveux dont les effrayants détails vous sont
connus. Vous vous rappelez toutes les hideuses
circonstances, dont la lecture vous a été donnée à
l'une de vos dernières audiences ; la bouche de
Serain seule était capable de les retracer. »

« M. le procureur-général rapporte ensuite
qu'on a trouvé les cadavres dans le bois de
Vouzon, à l'endroit même indiqué par Serain.

« L'état des cadavres, vous vous le rappelez
aussi ; l'une était complètement dévorée, il a
été impossible d'en constater l'état ; l'autre était
intacte, aucune trace de viol n'existait sur elle.

« Et cependant tout concourt à prouver
qu'une épouvantable lubricité était la cause de
cette œuvre de mort ; mais le coupable s'obstine
à répéter : « Je les ai tuées sans leur faire outrage, parce que je ne savais qu'en faire,
qu'il fallait en finir, et que j'avais peur d'être
jugé comme un »

« Messieurs, l'instruction pouvait en rester

là, mais elle a voulu éclairer tous les mystères de cette âme de boue et de sang; c'est dans cette intention qu'elle vous a produit tous ces hideux excès de débauche qui épouvantaient la pudeur des mauvais lieux ; enfin ces recherches ont mis en lumière d'autres attentats sur lesquels vous avez à statuer aussi. Le 7 juin 1837, tentative d'enlèvement de la petite Sophie Percheron, que la rencontre de son frère sauve des mains de ce monstre.

» 4 *Février* 1840, nouvelle tentative sur la personne d'Eliza Chemin. Pendant deux heures il faut que cette jeune enfant se défende des sollicitations , des poursuites et des étreintes odieuses de Serain ; enfin la pauvre petite se précipite dans un magasin où elle s'évanouit. Quel est cet homme ? C'est Abraham Serain ; il s'est nommé lui-même à Bourrigault qui l'a arrêté.

» *Juin* 1840, Pélagie Ramond est rencontrée par Serain sur le marché de Vouzon ; elle est entraînée par lui dans la campagne, et bientôt la brutalité de la passion de cet homme est assouvie. Vous savez dans quel état la pauvre enfant est rentrée chez ses parents : son cou montre l'empreinte d'une forte pression des doigts, sa bouche et son nez ensanglantés portent des déchirures d'ongles, la langue est coupée en plusieurs endroits.

» D'autres signes que vous n'avez pas oubliés, prouvent quel attentat a été commis sur sa personne ; mais enfin elle n'a pas été tuée.

Cet homme n'a pas la manie homicide, il ne tue pas par goût, il tue par calcul; son but c'est la débauche, il se satisfait à tout prix. S'il craint d'être reconnu il tue pour obtenir le silence; mais si le meurtre est inutile, si cette précaution n'est pas nécessaire, il ne tue pas. Ainsi, étranger à Vouzon, il ne craint pas les déclarations et la reconnaissance de l'enfant, il ne la tue pas; il craint ses cris, il lui serre la gorge, il lui ferme la bouche et le nez pour étouffer sa voix; qu'elle succombe ou non, que lui importe? il veut le silence et l'impunité; il a obtenu le silence sans homicide, il ne tue pas.

» Mais ce n'est pas tout: et Césarine Galinand et la petite d'Huit, qui ont si prudemment refusé le sort que ce jour-là même Serain a fait éprouver à Emilie Roulo et Adèle Leroux; et les petites Moulin et Juranville, qui, sollicitées sur le Mail, au mois de juin, ont échappé si miraculeusement à la mort!

» Enfin pour compléter ce lugubre tableau, il faut mettre sous vos yeux deux faits, quoique vous n'ayez pas à vous prononcer sur eux. Je veux parler de la disparition de la petite Stakoff et de celle de Rosalie Serain, qu'on retrouva le lendemain, assassinée, dans une pièce de blé.

» Ces faits, Messieurs, il vous est difficile de ne pas les attribuer à Serain; car il est impossible que deux monstres de cette nature se soient rencontrés dans le village de Férolles.

» Mais nous avons hâte d'arriver à la qualification des faits dont les questions devront être résolues par vous, Messieurs. »

M. le procureur-général pense que MM. les jurés doivent répondre affirmativement sur toutes les questions, si ce n'est à l'égard de la question relative à Élisa Chemin. « Les faits tels qu'il nous sont connus, dit-il, ne nous révèlent point une tentative suffisamment établie de détournement de mineures et de viol. J'avoue de plus que la preuve matérielle manque à l'égard de l'attentat sur la personne d'Adèle Leroux. Quant à Émilie Roulo, son cadavre n'a pu être visité ; mais vous savez les habitudes de Serain, il ne tue pas par monomanie, il ne tue pas par férocité, il tue pour faire disparaître d'autres crimes. Toutes les preuves morales doivent donc vous faire répondre affirmativement sur la question d'attentat à la pudeur sur la personne d'Émilie Roulo, quoique son cadavre, nous le répétons, n'ait rien révélé.

M. le procureur-général apprécie ensuite ce que vaut le système de dénégation que l'accusé essaie aujourd'hui, lorsqu'il a tout avoué, lorsque ce sont ses indications mêmes qui ont conduit jusqu'aux cadavres de ces deux infortunées petites filles. « Maintenant comment les a-t-il tuées ? Y a-t-il là un raffinement d'exécrable débauche ? Que nous importe ? nous avons la conviction d'un double attentat, nous n'avons pas besoin de savoir tous les secrets de la débauche homicide ; nous savons qu'un premier meurtre n'a pas arrêté la main de l'impitoyable scélérat....... Pendant une heure il a exercé sa fureur sur Emilie Roulo. Ah! que vous faut-il de plus pour que ces pauvres enfants soient vengées?

» Et cet homme quel est-il donc?... il ne connaît pas la moindre émotion... Le soir même il a soupé et s'est endormi tranquille, depuis il a vaqué à ses affaires... L'émotion n'a commencé qu'aux cris du peuple le menaçant de ses malédictions!

» Pouvez-vous douter de la préméditation?... il savait trop bien ce qu'il ferait de ses victimes... et d'ailleurs une première victime a-t-elle pu arrêter son bras? non. L'autre se réveille et il lui dit: « Ce n'est rien... Elle dort, ne le vois-tu pas? » Horreur! horreur! Je ne veux pas discuter plus longtemps si cet homme a agi avec la préméditation nécessaire pour qu'il soit dévoué à la peine des assassins.

» D'ailleurs ces homicides sont successifs et ils ont été précédés d'autres crimes.

» Voilà cette cause, Messieurs, comme nous le disions en commençant, dans toute sa hideuse simplicité. La défense essaiera-t-elle de vous le représenter comme un maniaque? nous l'ignorons, Messieurs, mais vous avez interrogé la science, et elle a répondu que cet homme a l'entendement sain et la volonté libre.

» Il est donc responsable de son épouvantable action; ses précautions, son discernement et sa prudence sont appropriés aux lieux et aux personnes.

» Voyez-le pénétrant dans de mauvais lieux,

7

qu'il épouvante par les excès de ses débauches : tue-t-il les malheureuses qui lui sont livrées ? non, le crime serait inutile ; et lorsqu'on lui a confié une jeune fille, la tue-t-il ? non ; il ne l'outrage pas non plus, parce qu'il faut répondre de ce dépôt, parce qu'il sait qu'on le lui redemandera. Il peut donc s'abstenir ; sa volonté est aussi libre que son discernement est sain. Il a agi de sang-froid, sous l'influence d'un horrible calcul. Les enfants sont souillées ; elles le reconnaîtront ; il les tue. Il n'avait pas achevé la jeune Ramond à Vouzon, parce que c'était inutile. Il a tué Emilie Roulo et Adèle Leroux, parce que cela est nécessaire à sa sûreté.

» Ce n'est pas un malade ; c'est un monstre de l'ordre moral, au cœur desséché, aux entrailles glacées par la débauche. En lui tout sentiment humain est éteint. L'égoïsme, le sentiment de la personnalité, vivent seuls dans la solitude de son cœur.

» Celui qui a vécu sans pitié et dont le crime ignore le remords n'obtiendra aucune pitié.

» La société tout entière réclame la plus solennelle réparation. Ce n'est pas vous, pères de familles, qui la refuserez. »

*M. le président :* Me Lafontaine, défenseur de l'accusé, a la parole :

*Me Lafontaine :* Messieurs les jurés, il fut un temps où notre loi criminelle refusait un conseil aux accusés. Bien éloignée d'une rigueur si dangereuse, la loi moderne a voulu que nul accusé, quelque fût son crime et quels que fus-

sent ses aveux, ne pût comparaître devant les
juges qu'assisté et protégé par un défenseur,
sans toutefois imposer à ce dernier aucune obligation de nature à blesser sa raison, sa conscience, obligation que n'eussent point acceptée
d'ailleurs la liberté et l'indépendance du ministère de la défense.

» Le dégoût de la vie, des circonstances ex-
traordinaires, mais possibles, peuvent pousser
un innocent à s'accuser lui-même et à sur-
prendre la singulière faveur d'un arrêt de mort.
La justice ne doit pas être sa complice, et son
glaive ne peut devenir l'instrument d'un suicide.

» Alors même qu'indépendamment des aveux
de l'accusé le fait trop constant, réduit le défenseur à n'être que le triste et muet témoin d'une
inévitable condamnation : alors même encore
son ministère n'est pas entièrement inutile ;
dans l'intérêt de l'accusé, dans l'intérêt de la
société, il surveille en silence l'exacte observation de toutes les formes prescrites, le main-
tien de toutes les garanties données à la défense.

» Une pensée plus généreuse encore, une
pensée d'humanité a sans doute aussi, je me
plais à le croire, inspiré le législateur.

» Séquestré de la société, dont son crime l'a
constitué l'ennemi, l'accusé ne rencontre dans ses
gardiens et dans ses juges qu'une trop juste sévé-
rité. Au milieu de ce nécessaire mais cruel
isolement, la loi a voulu faire descendre une
voix amie dans le silence de son cachot. Inter-

posé entre la société et le coupable, seul dispensé d'être sévère, et précurseur d'un ministère plus saint et plus efficace, le défenseur apporte au malheureux qui prévoit et attend son arrêt le premier bienfait d'une constante exhortation.

» C'est à ce triste et faible office que se seront bornés pour moi, dans cette cause, les devoirs utiles d'un ministère dont je me suis plu à retracer les nobles attributions. »

Après une observation sur le caractère donné par l'accusation à l'un des faits imputés à Serain, le défenseur termine ainsi :

« Mais condamnée au silence sur les points capitaux de l'accusation, la défense ne se sent pas le courage d'élever sur ce point une discussion sans intérêt appréciable et sans influence possible sur le sort de l'accusé.

« Il ne reste donc à la défense que le pénible devoir d'abandonner l'accusé aux lois de son pays et de s'en remettre purement et simplement à la sagesse des juges que les lois lui ont donnés. »

Après ces paroles du défenseur, qui ont été écoutées avec la plus religieuse attention, et qui ont mérité l'approbation de tous, M. le président s'adressant d'une voix grave à l'accusé:

« Serain, avez-vous à ajouter quelque chose à votre défense? Voici le moment solennel; je vous engage à renouveler l'aveu du double crime qu'on vous reproche.... Ce sera une bien faible expiation... »

Serain commence alors à répandre les seules véritables larmes qu'il ait versées depuis le commencement des débats. Il éclate en sanglots entrecoupés d'exclamations : « Ah ! ma pauvre femme ! ah ! ma pauvre femme !... » Mais sa réponse à la question de M. le président ne contient que ces seules paroles : « Je sais que je les ai trouvées dans les bois. Jugez-moi comme vous l'entendrez. » Et il reprend le cours de ses sanglots avec une telle force qu'on est obligé de l'engager à plusieurs reprises à se calmer.

M. le président annonce que les débats sont clos. Il en présente ainsi le résumé :

« Un double forfait peut-être inouï dans les fastes judiciaires est venu jeter le désespoir au milieu de deux familles et la consternation dans notre ville ; tous les cœurs se sont émus au récit des tortures que deux malheureuses enfants ont dû éprouver sous les coups d'un exécrable meurtrier.. »

«..., Vous, Messieurs, vous avez reçu une solennelle mission, celle de calmer la douleur publique par l'expiation qu'elle attend de vous.»

Après ce préambule, M. le président reprend le récit des faits. Il examine avec impartialité toutes les charges de l'accusation, il rappelle l'admirable discussion de M. le docteur Corbin sur le moral de cet homme et sur la possession de lui-même qui ne l'a jamais abandonné ; enfin il termine le résumé de ces longs débats par ces paroles que tout concourait à rendre si imposantes et si graves :

« MM. les jurés, nous avons accompli la tâche la plus douloureuse que puisse nous imposer la loi, celle de reproduire contre un malheureux toutes les charges de l'accusation formidable qui pèse sur lui. Passons maintenant à la défense.

» Serain n'avait point de défenseur, nous devions le faire assister d'un homme de talent, et notre choix est tombé sur l'honorable bâtonnier de l'ordre des avocats de cette ville, qui vous a fait entendre des paroles si convenables en abondonnant le malheureux à votre justice.

Dans un instant, Messieurs, vous allez entrer dans la chambre de vos délibérations pour y achever un acte de haute justice ; pénétrés comme vous l'êtes de l'importance de vos devoirs, vous n'hésiterez pas un seul instant dans leur accomplissement. »

M. le président donne ensuite lecture à MM. les jurés des questions sur lesquelles ils sont appelés à délibérer ; elles sont au nombre de vingt-huit, et relatives à tous les chefs qui terminent l'acte d'accusation que nous avons publié.

Il est une heure moins un quart lorsque MM. les jurés quittent la salle d'audience. Une heure et demie après la sonnette se fait entendre ; la Cour et le jury rentrent à l'audience.

*M. le président :* Monsieur le chef du jury, veuillez faire connaître à la Cour le résultat de votre délibération.

M. le chef du jury se lève et prononce d'une

voix émue la formule sacramentelle de la déclaration du jury : « Sur mon honneur et sur ma conscience, devant Dieu et devant les hommes, la réponse du jury est, sur la première question : « Oui, à la majorité, l'accusé est coupable. »

Cette même réponse est faite à toutes les questions.

*M. le président :* Gendarmes, faites entrer Serain.

L'accusé est introduit, sa pâleur est effrayante.

*M. le président :* Monsieur le greffier, donnez lecture de la déclaration du jury. J'engage le public à entendre le verdict du jury dans le plus grand silence ; il doit le respect à l'acte de justice qui va être rendu dans un instant.

M. le greffier donne lecture du verdict du jury ; le silence le plus profond règne dans toute la salle.

*M. le président :* La parole est à **M.** le procureur-général.

M. le procureur-général se lève et requiert l'application des articles 301 et 302 du Code pénal.

*M. le président :* Serain, avez-vous quelque chose à dire sur l'application de la peine?

L'accusé, attéré et immobile, ne peut prononcer aucune parole.

La Cour ordonne qu'il en sera délibéré dans la chambre du conseil.

Cinq minutes après, la Cour fait sa rentrée, et après la lecture des articles du Code pénal rend un arrêt, lequel, attendu qu'en cas de conviction de plusieurs crimes, la peine la plus forte est seule applicable, prononce contre l'accusé la peine de mort.

Serain, à la lecture de cette terrible sentence, ne manifeste pas une émotion plus grande. Toutefois, lorsque M. le président l'avertit qu'il a trois jours pour se pourvoir en cassation contre l'arrêt qu'il vient d'entendre, il fait un signe affirmartif et on distingue ces paroles : « Oui, Monsieur. »

A peine la Cour a-t-elle levé la séance que des acclamations qu'on ne saurait trop blâmer et des applaudissements frénétiques saluent le départ du condamné, que les gendarmes se hâtent d'emmener.

www.ingramcontent.com/pod-product-compliance
Lightning Source LLC
Chambersburg PA
CBHW061553080726
47597CB00003BA/1078